本书由"天津大学马克思主义学院 2019 年度学术著作出版资助计划"资助出版

西方多元文化主义研究
——以少数群体权利为例

A STUDY ON
MULTICULTURALISM

From the Perspective
of Minority Rights Thought

张 欢 著

社会科学文献出版社
SOCIAL SCIENCES ACADEMIC PRESS (CHINA)

序　言

在由多元文化构成的世界中，不同种群、族群之间谋求权利平等的斗争至今依然难以停歇。这种情况在存在着多种族群的国家中尤为突出。族群之间的差异和矛盾通常是和一个国家中不同阶级、阶层和利益群体的矛盾交织在一起，往往成为引发社会摩擦和触发社会动荡的持久性原因。2020年5月25日，美国黑人男子乔治·弗洛伊德（George Floyd）因白人警察跪压脖颈窒息而亡的遭遇，引发了美国社会规模庞大的反暴力执法和反种族歧视的抗议浪潮。8月和9月，类似案件的接连爆出使抗议继续升级，影响范围不断扩大，美国政治撕裂、族群矛盾尖锐等问题与"新冠疫情"的肆虐混杂在一起，为美国乃至世界今后的发展注入了更多不确定性因素。"白人警察粗暴执法"不是偶发的孤立事件，也不是单纯社会治理手段的问题，而是折射出许多美国社会特有的问题，特别是由来已久的"白人至上主义"的回潮。如果将这些事件与"美国禁穆令""欧洲难民潮"以及与近年来欧洲频发的恐怖袭击相联系，它们可能会指向同一个问题：多元文化主义在西方世界的普遍回退和衰落。

作为一种社会思潮，多元文化主义的内涵十分丰富，但语义较为含混。一般意义上，我们可将其定位为一种多民族或多族群国家旨在促进不同文化群体之间彼此包容、求同存异的价值取向，其主要诉求是维护文化的多样性、尊重文化的差异性及保护少数群体（minority）的权利。这一思想自产生起便在世界范围内得到广泛传播，在西方移民国家中的发展尤为迅速，并形成各种实践形态的多元文化主义政策。多元文化主义在北美、西欧、澳大利亚等地各有不同的实践形态，但总体而言，我们仍然可以把它理解为"二战"结束之后，随着国际大规模人口流动和移民现象的产生，西方部分国家为解决自身的族群问题、移民问题、宗教问题、认同问题而施行的一项文化策略。

然而，为什么多元文化主义思想和政策近年来在西方社会的发展现实中频频遭遇挑战？除了国际局势的变化和社会基础的内在矛盾，多元文化主义的理论和策略是否还存在哲学层面的深层矛盾？张欢博士的这本著作正是基于这一疑问，展开了对西方多元文化主义理论的思想探索。

首先，作者认为多元文化主义关涉的问题域比较复杂，研究角度和方法也不尽相同，这使得"多元文化主义"（multiculturalism）在使用上常常含混不清，极易引起误解和混淆。为此，作者通过对多元文化主义的不同分类和研究路径进行分析，特别是从语义学角度对"多元文化主义"概念进行辨析，厘清了这一概念的内涵：这一概念中的"文化"即"人化"，它是每个人自我认同和社会认同的基础，"多元性"则包含了"多元"与"一元"的辩证统一。此外，为澄清多元文化主义的问题域，作者还从政治哲学和文化哲学的视角，对多元文化主义涉及的相关议题进行了考察，从而明晰了这些议题与多元文化主义的联系。

其次，通过分析多元文化主义的价值理念，作者发掘出多元文化主义的权利正义超越自由主义的普遍正义观念之处：在权利的主体上，多元文化主义不仅承认普遍公民的个体，还承认少数群体及其成员；在权利的内容上，多元文化主义不仅承认公民的自由权利，还承认少数群体抵御来自主流群体的侵犯与保存自己的传统和文化的权利，这种权利即少数群体权利（minority rights）。在此基础上，作者对少数群体权利的合法性从历史和现实的必要性、文化及文化权利的正当性、道德理由和群体理由这四个方面进行了论证，并结合近年来实行多元文化政策国家的现状，全面分析了多元文化主义的前景和出路。

最后，作者结合中国的具体国情，得出多元文化主义并不完全适用于中国现实的重要结论，习近平总书记提出的人类命运共同体理念是更适合中国文化多样性现实的"中国方案"。

张欢博士的著作思路清晰、逻辑缜密、表述严谨、论证充分，既在理论深度与现实热度之间保持了较好的平衡，也在理论与实践、应然与实然、现实与可能等各个张力结构之间做了较好的处理，体现了她较强的问题驾驭能力、学术分析能力、语言表达能力。事实上，本书也是在她博士学位论文的基础上修改而成。作为她的博士生导师，看到她仍在思考深耕多年的问题，并且提交了这样一份具有参考价值和现实意义的研究成果，我很为她感到高兴。作为我的学生，张欢在学期间留给我的深刻印象就是思想活跃、热情开朗、勤学善思。现在张欢博士已经就职于天津大学马克思主义学院，希望她能够在今后的学业发展中，努力钻研，不断取得新的学术成就。

阎孟伟

2020 年 10 月于南开园

目　录

导论　西方多元文化主义思想的兴起与发展 ……………………………… 001

第一章　多元文化主义的概念分析 ……………………………………… 018
　　第一节　多元文化主义的分类和内涵 ……………………………… 018
　　第二节　多元文化主义概念的语义学分析 ………………………… 030

第二章　多元文化主义的问题域 ………………………………………… 038
　　第一节　多元文化主义与政治哲学 ………………………………… 038
　　第二节　多元文化主义与文化哲学 ………………………………… 054

第三章　多元文化主义价值理念与少数群体权利特征 ………………… 073
　　第一节　多元文化主义的价值理念概述 …………………………… 073
　　第二节　多元文化主义的少数群体权利特征 ……………………… 090

第四章　少数群体权利的合法性问题 …………………………………… 105
　　第一节　少数群体权利的合法性 …………………………………… 105
　　第二节　对少数群体权利的质疑 …………………………………… 121

第五章　西方多元文化主义的前景 ……………………………………… 130
　　第一节　多元文化主义的回退 ……………………………………… 131
　　第二节　多元文化主义者的回应 …………………………………… 134
　　第三节　多元文化主义在西方世界的前景 ………………………… 135

第六章　马克思主义视域下的多元文化主义 …………………………… 139
　　第一节　马克思主义的文化观与多元文化主义 …………………… 139
　　第二节　马克思主义的族群平等理论与多元文化主义 …………… 141

第七章 多元文化主义的适用性问题 …… 145
第一节 多元文化主义与中国现实 …… 145
第二节 多元文化主义的借鉴意义 …… 148
第三节 多元文化现实的超越性方案 …… 152

结　语 …… 160

主要参考文献 …… 162

后　记 …… 180

导论　西方多元文化主义思想的兴起与发展

一　西方多元文化主义的兴起

文化的多样性与统一性是考察人类文化现象、存在形态和发展过程的基本问题之一。在人与自然的交互作用和人与人交往关系的基础上，形成了各种不同的经济、政治和文化样态。由于自然环境和社会环境的多样性，人与自然和人与人之间的交互关系呈现出多样性，作为主体的人也是多样的，这些要素共同决定了人类文化的多样性特征。人类创造性和能力不断向前发展，新的文化形态也不停生成和出现，影响文化的各种因素持续变化，这些都使得人类文化的多样性不断地扩大并发展下去。然而，人类文化的存在和发展不仅有多样性的一面，也有统一性的趋势。文化的发展内在地具有对普遍性和确定性的追求，即包含对统一性的追寻，这是人类文化的"形而上学本性"。人类社会中，不同群体在利益和文化方面具有各自的特殊诉求，然而，每一个群体内部，人们因享有共同文化而获得社会认同。当不同社会群体之间的互动交流不断扩大范围的时候，谋求群体之间的和谐共存，也必然会使人们谋求更大范围的文化认同，从而力图在文化上寻找相融相通的契机。

在现实层面，政治国家中也存在多元性和统一性的辩证关系，二者之间始终存在一种张力。近代主权国家与各个种族、民族群体之间的关系就是多样性和统一性张力的表现。近代契约论国家的基础是人民契约，即国家的主权属于人民。契约所包含的共识超越了多样的种族和民族群体之间的差异，同时，它作为一种公共意志支配着个体的意志和各种群体的意志。在这个意义上，政治的主要目的就是把所有公民都纳入同质化的民族国家，个人的公民身份显示了个人在国家面前的同质性。与此同时，与共识即多数群体文化不相融合的那些群体文化,在国家的统一性驱使下逐渐被同化;坚持不被同化的那些群体或者渐渐被边缘化,或者被排除出公共领域而退入个人领域。在近代民族国家建构的过程中,个体特殊的文化身份被淡化甚至被抹去,所有社会成员都成为同质化的国家公民。

但是,近代国家不仅仅进行着同质化发展,其差异性也在不断扩展。近代国家的理性不仅仅否定了神学的权威,还否定着权威本身,从而为多样文化的兴起创造了开阔的空间。进入近代社会之后,西方国家迎来持续不断的现代主义文化解放,尤其是后现代主义对"元叙述"的批判,为"差异""多元"等获得了产生和发展机会。①

现代国家大多是多民族和多族类国家,通常都存在多数群体(主流群体或主导群体)与少数群体的区别,这些群体各自具有不同文化和利益诉求,使社会的文化构成呈现出多样性的特点。这种多样性引发了一系列矛盾和冲突。西方社会频频出现的群体冲突证明,自由主义无法解决多元文化社会所出现的新的矛盾和冲突,因此,当代社会需要一种新的理论来为这些问题寻找可行的解决办法。多元文化主义就是西方理论家为解决文化多样性引发的矛盾和冲突所提出和构建的理论,并成为深刻影响世界各国处理文化群体关系的重要依据,在社会领域和政治领域获得了不可撼动的地位,成为政治学和哲学研究的前沿问题。

国际政治局势近些年来发生的巨大变化,影响和改变了西方国家的族群构成,并在这些国家内部引发了政治和文化等方面的新冲突。叙利亚境内爆发战争后,众多来自中东地区的难民涌向欧洲,对欧洲国家的社会稳定和政治统一构成重大打击,同时也挑战着这些欧洲国家的传统价值观和社会认同。2010年,"阿拉伯之春"事件发生后,美国境内涌入大批来自中东地区的难民,对美国社会的经济和政治秩序造成了严重影响。2017年1月27日,美国总统特朗普签署了"阻止外国恐怖分子进入美国的国家保护计划"的行政命令("禁穆令"),这在美国引起了如何对待穆斯林群体和处理难民问题的激烈争论。与此同时,加拿大也吸纳了大量来自联合国难民署以及受特朗普"禁穆令"限制而无所依归的难民,难民的大量涌入对

---

① 常士䦕:《异中求和——当代西方多元文化主义政治思想研究》,人民出版社,2009,第6页。

加拿大的社会秩序提出了严峻挑战。欧洲和北美各国的群体结构发生的巨大变化,以及由此引发的种种冲突和矛盾,都将多元文化主义理论和少数群体的权利问题重新推向公众视野,进而引发了学界和大众对这些问题的新一轮关注和争论。相关学者开始重新审视,作为一种诞生不久的现代概念和现代理论,多元文化主义何以成为解决国家和少数群体间冲突的有效理论?它的概念应该做何理解?它所主张的少数群体权利作为一种超出普遍个人权利的差异性权利,是否具有合理性?为了寻找这些问题的答案,有必要对多元文化主义及其主张的少数群体权利进行考察,通过对它们的审视和重新认知,来探求这一理论解决文化群体冲突的理由,并为它的前景发展做出判断。

多元文化主义作为一种现代思潮,起源于较为复杂的现实背景。第二次世界大战之后,全球政治局势发生了翻天覆地的变化。世界原有的殖民体系被战争与战后非洲和拉美国家民族独立运动所打破,东欧社会主义阵营解体证明,自由主义理论所要倡导的民主和权利并未在东欧平稳出现。世界范围内迎来了民族独立与种族主义和民族主义的高涨,这是多元文化主义兴起的直接历史背景。

民权运动的根本原因在于美国国内日益加深的种族民族矛盾。虽然《独立宣言》给予民众人人平等的权利,但仅停留在理想层面,美国有色人种在现实中长期经历着严重的种族歧视:针对非洲裔美国人长期实行"隔绝发展"的政策,实行种族隔离的《吉姆·克劳法》(*Jim Crow Laws*)直到1954年才被正式废止;印第安人和黑人依然因为肤色而遭到排斥,其权利依旧遭到剥夺——他们并不是完整意义上的公民。即使这些人和白人结为夫妻,其后代仍会受到排斥,一滴黑人的血液就足以把他们划分到少数种族中去,这就是可悲的"一滴血规则"[①]。20世纪50年代后期,美国芝加哥、瓦茨(Watts)、隔坨(Ghetto)等地接连不断爆发各种激烈的种族冲突,民权运动蓄势待发。1963年,马丁·路德·金在华盛顿发起了为少数族群争取权利的民权运动,全国有色人种协会、种族平等大会等多个组织和许多白人纷纷参与,采取非暴力的方式吁求实现种族平等。

---

① 〔比利时〕马可·马尔蒂尼埃罗:《多元文化与民主》,尹明明、王鸣凤译,社会科学文献出版社,2015,第5~6页。

民权运动的高涨，为多元文化主义的兴起奠定了思想基础和政治基础。民权运动的基本形式是以群体斗争的方式来争取群体权利，这种群体权利成为挑战自由主义的个人主义的意识形态和组织方式，从而为多元文化主义奠定了意识形态基础。1964~1968年，美国立法机构对一系列相关法律进行了修订，① 为非洲裔美国人在政治上获得平等权利提供了法律保障，从而将维护公民权利的职责归于美国联邦政府，各种维权运动的成果以法律的形式得到呈现，② 在一定程度上改变了区域和地方政治的结构，③ 为多元文化主义奠定了政治基础。美国和加拿大的其他少数族群也纷纷提出了权利诉求，这一现象被称为"族类兴起"；他们不仅要求作为国家公民的普遍的公民权利，同时还要求作为少数族群成员的差异性权利。美国和加拿大印第安群体的自治权利要求、美国阿米什（Amish）教派的特殊教育主张、加拿大哈特教派（Hutterites）的自治权利主张和魁北克法裔加拿大人的文化权利要求，对美国和加拿大的国家认同建构形成一定的冲击，从而为应对这一冲击的多元文化主义理论奠定了社会基础。

除了民权运动的影响，二战后世界范围内出现的大规模移民现象，使西方多民族和多族群国家的族群结构发生了重大改变。经济政治全球化程度迅速得到提升，世界范围内各国间的资源交换速度加快，开展了广泛的交流与合作。在这一历史进程中，西方发达国家吸引了大量移民，为这些国家增添了不同的文化色彩，使这些国家的文化多样性程度大大提升。1965年的美国移民法废除了1920年以来的国民出生地配额体系，④ 为来自中东、南美地区和东亚、南欧和东欧地区的移民进入美国扫除了障碍。

---

① 这些法律包括：1964年的《民权法》，使种族歧视和隔离得到遏止；第24条《宪法》修正案，取消美国南部各州的"人头税"，以此保障贫困黑人的选举权；1965年的《选举权法》，废除南部各州关于"文化知识测试"的规定，该测试是为剥夺黑人选举权而专为黑人所设立；1968年的《民权法》，禁止住房方面的种族歧视。
② 参见王希《多元文化主义的起源、实践与局限性》，《美国研究》2000年第2期。
③ 1970年，国会内的8名黑人议员组成了"国会黑人党团组织"（Congressional Black Causus, CBC），专门就有关黑人权利的立法进行磋商和协调；直至1974年，南部已有1500多名黑人担任了不同层级的公职，有些还在州立法机构担任重要职务；一些人口总数量较大的拉美裔议员也成立了相应的团体和组织。参见王希《多元文化主义的起源、实践与局限性》，《美国研究》2000年第2期。
④ 这是一项专门针对有色人种的歧视性移民规定，限制或禁止东亚、印度和中东移民，同时也限制来自南欧和东欧地区的移民。

然而，这同时也在一定程度上削弱了这些西方国家的公民身份和族群身份的同一性程度，使美国社会成为容纳各种民族和种族文化的万花筒。亨廷顿指出，在美国历史上，从未有过大多数移民共说一种非英语语言的现象。现在，说西班牙语的人占移民绝大多数，何况他们原先的祖国又彼此相邻；他们绝对人数多；移民浪潮看来不会终止，也不会锐降；他们到美国后的人口分布集中；他们原祖国的政府鼓励他们对美国社会和政界施加影响；许多美国精英人士支持他们，鼓吹多元论、多样性、双语教育和照顾他们的赞助性行动；美国商界为了牟利而刻意迎合拉美裔人的口味，并在生意中和广告中使用西班牙语，雇用拉美裔员工；人们向政府施加压力，要求在政府标志、公文、报告和办公场所使用与英语并行的西班牙语。[1]

欧洲也迎来了大量来自附近非欧洲国家和印度、拉美地区的移民，这些移民在宗教信仰、语言使用和生活习俗等方面都与传统欧洲国家存在显著区别。[2] 在西方移民国家中，来自他国的移民各自相同的文化记忆、生活习惯等要素更易被唤起，使他们更容易也更愿意聚集为群体，这些具有不同文化和利益诉求的移民群体数量激增，对所在国的文化构成产生了重大影响。"移民在其移入国内追求自身文化的弘扬导致了文化多样性的生长：在这些国家里，有人讲外语；出现了不同的烹饪方法；过去鲜为人知的宗教也变得显眼起来……随着移民的定居，无论是整个社会还是不同的移民之间，其文化差距还是在逐步加大，有些时候适应这样的变化很容易，有些时候却伴随着困难和争端。"[3] 与此同时，移民群体还要求享有稳定的法律地位、社会和经济福利，并享有文化身份，这对移民的接收国家提出了不小的挑战。

民权运动和全球性移民潮的历史背景表明，需要一种理论和政策应对族群结构和文化结构的改变带来的矛盾和冲突。西方国家曾试图通过同化

---

[1] 〔美〕亨廷顿：《我们是谁：美国国家特性面临的挑战》，程克雄译，新华出版社，2006，第17页。
[2] 《2004年英国年鉴》统计数据显示，英国少数族裔人口数量已经达到460多万，占总人口的9%。其中黑人移民人口总数为114万，印度裔105万，巴基斯坦裔为74万，孟加拉裔为28万，华裔为24万。西欧国家仅在1980~1992年就接纳了1500万来自世界其他国家和地区的移民。
[3] 〔比利时〕马可·马尔蒂尼埃罗：《多元文化与民主》，尹明明、王鸣凤译，第10页。

主义政策和法律,压制少数群体的权利诉求,迫使他们整合进主流社会。但是,这些整合和同化政策并未使少数群体放弃自己的诉求,反而在一定程度上激化了西方国家的族类冲突。这表明,旧的解决方案早已不适用于西方多元文化国家出现的族群结构变化,因而需要一种新的理论来应对新的挑战。多元文化主义正是在这种历史背景下应运而生。

多元文化主义理论也产生于特定的理论背景下。1782 年,一位自称"美国农民"的法国移民德克雷弗柯(Hector St. John de Crevecoeur)在其所著的《一个美国农人的信札》一书中,将美国人称作一种"奇怪的血缘混合体",提出人与植物一样受到周围环境的制约和影响,美国的环境会将具有各种文化背景的移民熔制成怀抱同样理想的人。1909 年,犹太裔作家伊斯立·赞格威尔(Israel Zangwill)在剧本《熔炉》(The Melting Pot)中,首次明确使用"熔炉"一词,以此形容美国是一个能够将来自不同文化背景的移民熔化并重制的"熔炉"。"熔炉论"思想由此在美国得到了广泛传播和接受。这一思想的理论基点为,美利坚民族一致性的基础是盎格鲁-撒克逊(Anglo-Saxon)人的传统,非盎格鲁-撒克逊的移民应当无条件地接受主流文化,并彻底切断和忘却与出生国间的一切责任和关系。

美国犹太人学者霍勒斯·卡伦(Horace Kallen)强烈反对这一典型的同化主义"熔炉论"思想。1915 年,卡伦在《民族》杂志上发表《民主与熔炉》一文,明确提出即使个体能够对服饰、政治观念、宗教信仰等做出自我选择,但是对于自己的文化背景和身份,人们却不能进行选择和改变,强制性地将所有美国人都整合进盎格鲁-撒克逊传统,只能使这些移民丧失对美国的归属感。这种强制性同化违背了《独立宣言》所赋予每个美国人的平等权利,因为它将非盎格鲁-撒克逊移民视为不能享有平等权利的"劣等民族"。卡伦提出,盎格鲁-撒克逊传统并非美国精神的全部,"American"是用来形容生活在美国土地上的所有人,而并非仅用来形容盎格鲁-撒克逊的后代;作为一个民主国家,美国应该实现《独立宣言》所描述的平等社会;美国精神是基于环境和制度的一种相似性,这种相似性是后天铸就而非遗传所得。[①] 因此,他以"乐队"一词来取代"熔炉"概念,并提出美国文化是各种移民文化的马赛克,每一种文化都发挥

---

① Horace M. Kallen, "Democracy Versus the Melting Pot," Nation 2 (1915): 190-194.

着自己的作用，如同一个管弦乐队需要各种不同的乐器的声音才能完成演奏。

关于"多元文化主义"（Multiculturalism）这一概念的产生，学术界存在不同看法。一种观点认为，"多元文化主义"最早出现在卡伦这篇《民主与熔炉》中。事实上，通过考察这篇文章的原文可知，卡伦未曾提及"多元文化主义"概念，而是着重反驳了"熔炉论"思想。由此可见，认为"多元文化主义"这一概念最早是由卡伦在1915年提出是不恰当的。但是，他的确在反对"熔炉论"的过程中提出了多元文化主义的核心目标，即寻求国家内部各个族群间的平等。据学者考证，"文化多元主义"（Cultural Pluralism）的第一次出现，是在1924年卡伦将《民主与熔炉》收入论文集时。但值得注意的是，"文化多元主义"与"多元文化主义"并非可以同义替换的一对概念，尽管它们关注的问题有一定重叠，但并不具有完全相同的含义。

另一种观点是，据美国社会学家内森·格雷泽（Nathan Glazer）考证，"多元文化主义"概念的首次使用，"不可思议地来自1941年《纽约先驱论坛报》"①，然而，他并未指明这一概念首次出现的具体语境，而是指出，"几乎所有的使用都出自加拿大。哈佛大学图书馆列举的几乎每一本在题目中包含'多元文化主义'一词的图书，都来自20世纪70年代和80年代的加拿大或者澳大利亚"②。据国内外学者考证，加拿大最初提出多元文化是在1922年，并在20世纪30年代进一步发展出"多元文化橱窗的口号"③；1965年，多元文化主义的概念就出现在加拿大皇家"双语双文化"委员会报告（The Report of the Royal Commission on Bilingualism and Biculturalism）中，这一报告中提出用多元文化主义取代二元文化政策④；加拿大联邦政府在1971年10月8日正式采用多元文化主义政策，并在1982年以《权利与自由宪章》（Canadian Charter of Rights and Freedoms）的形式成为《宪法》的一部分。

---

① Nathan Glazer, *We Are All Multiculturalists Now*, Harvard University Press, 1997, p. 8.
② Nathan Glazer, *We Are All Multiculturalists Now*, p. 8.
③ 阮西湖：《20世纪后半叶世界民族关系探析》，民族出版社，2004，第208页。
④ 〔法〕米歇尔·韦维尔卡：《多元文化主义是解决办法吗？》，李丽红译，转引自李丽红编《多元文化主义》，浙江大学出版社，2011，第18页。

时隔多年，多元文化主义这个概念才作为术语出现在字典和图书分类中。①"多元文化主义"一词并未出现在《牛津英语词典》的初始版本中，但却被收入1989年的修订版；1990年，多元文化主义出现在华盛顿国会图书馆的分类标准中，被定义为"种族群体、宗教群体、文化群体共存于一个国家的状态"②；1991年的《哈珀·柯林斯词典》(Harper Collins Dictionary of Sociology) 对多元文化主义进行了如下定义：它是将文化多元主义作为许多社会的特点加以承认和发扬……多元文化主义颂扬并试图保护文化的多样性，比如少数群体的语言。与此同时，它往往集中关注少数群体文化与主流群体文化之间的不平等关系。③ 1995年出版的《布莱克威尔社会学辞典》将多元文化主义定义为："多元文化主义是一项主要出现在美国社会的运动，它的目标是解放和颂扬多元种族背景。它反映在包括有色人种的历史贡献在内的教育项目中，反映在公共生活（例如投票和公共声明）里多国语言的使用中，也反映在那些旨在培训管理者与来自不同背景的员工更为有效合作的企业项目中。多元文化主义已经被提升为解决种族和种族压迫的长期历史问题的一部分。多元文化主义被保守主义者批评为，这是对他们认为的源自西方白人文明的基本标准和智慧核心的贬低。另一些人坚持认为，多元文化主义仅仅是掩盖财富和权力的潜在不平等的一种假象，但不能撼动其分毫。"④ 英国企鹅出版集团出版的社会学辞典对多元文化主义

---

① 根据内森·格雷泽的考证，主要刊物全文数据库显示，至少在1988年之前，还没有出现任何多元文化主义的相关参考文献，在1989年仅仅出现了33条，而在这之后数据仅攀升了一点——1990年有100多条，1991年出现超过600条，1992年有将近900条，1993年1200条，1994年在Lake County论辩发生后出现了1500条。1994年也许已经是顶峰之年，但是1995年超过1200条文献的事实还是展现了这个问题的生命力。
② 内森·格雷泽指出，尽管多元文化主义可能被用来中立地描述一个国家中少数群体和种族多样化的现实，但它绝不仅仅是一个中性的描述性术语。多元文化主义涵盖了回应这一现实的多种路径，其中一些解决方案非常温和，那些自称为多元文化主义的最激烈的批判者也可能会接受。但是对大多数多元文化主义的支持者而言，多元文化主义是一种美国社会关于种族和民族多样性的态度选择和立场。它是一种反对主导性文化的强迫性的同化和"熔炉"概念的相反态度，更像是"沙拉拼盘"或"马赛克"式的隐喻，构成人口的每一种民族和种族元素都能在此保有自己的特殊性。Nathan Glazer, We Are All Multiculturalists Now, pp. 10-11.
③ 〔法〕米歇尔·韦维尔卡：《多元文化主义是解决办法吗？》，李丽红译，转引自李丽红《多元文化主义》，第15页。
④ Allen G. Johnson, The Blackwell Dictionary of Sociology, Blackwell, 1995, p. 185.

的解释则更为现实:"与其他西方发达国家一样,英国在过去的50年里经历了来自其他国家的大量移民。移民带来了他们自己的文化传统,这往往与东道国的文化不和。也许第二代移民会同化为东道国文化,失去它们独特的文化身份,而这个一体化的过程将是对东道国文化有益的。这一切尚未发生,相反地,一体化的理想已经被对文化多样性的颂扬取代。相反地,土著群体对独立的民族身份的要求削弱了强烈的民族认同。无论是英国的苏格兰人还是威尔士人,是新西兰的毛利人还是美国的土著人,全世界的族群都要求在法律、政治和道德上肯认他们的语言、民族、宗教和文化差异。这样的多元文化主义已经在全球化进程中得到进一步加强。从各国而来的货物在世界范围销售,国际旅行的增长以及全球大众传媒的世界影响相互结合,为任一社会都带来了多样化的文化影响。"①

内森·格雷泽指出,多元文化主义一词在美国属于舶来品,美国教育学作家詹姆斯·班克斯(James Banks)直到1986年才正式使用"多元文化的"教育这个术语,使用"多元文化主义"这个概念来描述美国社会尤其是美国的教育应当如何回应社会文化的多样性。英国著名文化人类学家C. W. 沃特森(C. W. Watson)的考证也支持这种观点。他指出,"多元文化主义"一词源自作为形容词的"多元文化的"(multicultural),该词最初多用于界定文化教育的多元性,如"多元文化的教育"(multicultural education)"多元文化课程"(multicultural curriculum),后逐渐延伸为描述存在于一个社会中的多种文化,如"多元文化的社会"(multicultural society)。② 由戈登·马歇尔主编的《简明牛津社会学辞典》则对多元文化的社会进行了解释:"多元文化的社会是一种被文化多元主义界定的社会,以美国和二战后的英国为代表。作为一种理想,多元文化主义赞美文化多样性(如语言多样性或宗教多样性),并与许多早期对种族、民族及移民的研究中所假设的同化主义理想形成对比。"③

根据对"多元文化主义"概念使用的梳理和考察可知,它并非由霍拉

---

① *The Penguin Dictionary of Sociology*, Nicholas Abercrombie, Stephen Hill, Bryan S. Turner, Fourth edition, Penguin Books, 2000, p. 232.
② 〔英〕C. W. 沃特森:《多元文化主义》,叶兴艺译,吉林人民出版社,2005,第1页。
③ *The Concise Oxford Dictionary of Sociology*, edited by Gordon Marshall, Oxford New York, Oxford University Press, 1994, p. 344.

斯·卡伦首次提出，尽管内森·格雷泽指出这一概念最早出现于 1941 年的《纽约先驱论坛报》，但由于他并未指出确切出处，也未对此进行详细论述，因此，"多元文化主义"概念究竟首次出现于何处仍是迷雾重重。但是，通过对这一概念出现和使用的过程进行分析可知，多元文化主义一词产生于美加两国，最初在加拿大主要应用于多元文化的社会现实，在美国则集中应用于多元文化的教育。这一概念自产生起便开始在世界范围内得到广泛传播，在西方移民国家中的发展尤为迅速，并迅速形成各种实践形态的多元文化主义。

加拿大联邦政府于 1971 年 10 月 8 日正式宣布实行多元文化主义政策，并对这一政策的具体内容进行了全方位的详细阐述，自此之后，多元文化主义开始正式成为影响巨大的政治和社会政策。此后，联邦政府逐步对官方政策进行改写和补充，在 1985 年充分完善了多元文化主义政策，进一步明确了其任务和宗旨，即实现所有加拿大文化群体和所有加拿大人的平等地位和权利，增加多元文化主义经费，提高各种传统语言的地位，等等。与此同时，有关部门还加强了相关的立法工作，即确认多元文化主义是加拿大公民权的主要特征；确定每个加拿大人都有自由选择享受、继承自己的文化传统的权利；联邦政府通过各部门机构促进多元文化主义的贯彻实施；1988 年，加拿大议会通过了 C-93 法案，即加拿大多元文化主义法。除此之外，加拿大还成立了加拿大多元文化主义中心、顾问委员会、常设委员会等机构，以确保多元文化主义政策的顺利实施。

美国多元文化主义实践的首要形态是肯定性行动计划（Affirmative Action）。这一计划由美国总统约翰逊在 1965 年签署的一次行政命令中首次提出，要求承包联邦政府项目的承包商"采取肯定性行动以保证申请者被雇用……而无须考虑他们的种族、信仰、肤色或出生国别"。"肯定性行动"具体是指，政府或雇主需要制定和采取一定政策或措施，以便在就业和入学等问题上给予那些因种族、性别、宗教等原因而被歧视的人以优先考虑，以确保少数群体成员在工作和教育领域享有平等机会。

澳大利亚联邦政府于 1973 年宣布制定并实施多元文化主义政策和法律，逐步配备了一系列相关的实施规则，特别是在实现多元文化主义的法律化方面。在此后十几年中，联邦政府制定了多项配套的法律法规。1987 年，政府发表了名为《国家议程》的文件，进一步完善了多元文化主义政策和法律。为使多元文化主义政策得以有效贯彻，澳大利亚联邦政府每年平均拨款约 5000 万澳元，用于支持和资助少数群体的文艺事业发展，并强调对非英语国家的移民提供语言翻译服务。

西欧各国尽管并未在国家层面承认和制定多元文化主义政策，对外来文化持有既融合又排斥的矛盾心态，但这些欧洲国家仍采取了一系列行动来解决国内文化多样化的相关问题，并且其中一些国家逐渐向多元文化主义理论和政策靠近。英国、瑞典、比利时等国设立多语种的官方语言，并开设相关语言学校进行教学；英国的学校为穆斯林设立祈祷室和食堂；法国政府将北非、西非等地区的移民及其后裔视为信奉伊斯兰教的独立社群，承认穆斯林移民在文化和宗教领域的身份认同。

多元文化主义理论和相关政策在各个国家的实践，加速了这一理论的传播。多元文化主义逐渐成为当代处理国家和少数群体关系以及社会文化多样性的前沿理论，政治哲学、政治学和人类学领域纷纷将其纳入自己的研究视域，由此形成了大量围绕多元文化主义的理论成果。

二 西方多元文化主义的发展

1. 西方学术界的研究兴趣

多元文化主义作为一种当代政治思潮，迅速成为西方学术界关注的热点。自加拿大多元文化主义政策推出后，关于多元文化主义的研究成果更是频频问世，这一理论及其所涉及和再产生的社会现象成为诸多学科的研究对象。多元文化主义产生的复杂历史背景和理论背景使得其相关学术成果纷繁复杂，仅仅是对多元文化主义概念的阐释就有多种不同的看法。国外学界一般认为，多元文化主义的研究最早出现也最早集中于教育学领域。多元文化主义的教育学研究中不可避免地涉及哲学等相关问题，[①] 多元文化主义研究随之扩展到政治哲学、政治学和人类学领域。然而，直到 20 世纪 80 年代，对多元文化主义的哲学研究仍然甚少。90 年代起，伴随冷战的结束，全球性的族类文化冲突频频爆发，自由主义理论因不能化解或减

---

① 例如，开设多元文化主义课程的一个重要内容是多语言课程，它是基于对"所有语言及其背后的文化背景都应得到平等对待"的认同，这与"语言和文化对人的意义和价值"必然相关。诸如此类的问题还有很多，但都超越了教育学的研究范围。

缓这些冲突而屡屡遭到质疑，多元文化主义的哲学研究和政治学研究就是在对自由主义的批判基础上展开的，随后成为多元文化主义研究的主要方向。

在哲学领域，多元文化主义研究的一个主要代表人物是加拿大哲学家威尔·金里卡（Will Kymlicka，又译金利卡），他围绕多元文化主义及相关问题，撰写了大量专著和文章。《自由主义、社群与文化》《多元文化的公民身份》两书包含了政治哲学视角下对自由主义的批判，以及对多元文化主义价值理念和少数群体权利的合法性的充分探讨；其后所著的《当代政治哲学》又将多元文化主义单独列为一章，对其进行专门的政治哲学分析。2001年，金里卡又出版了以"少数的权利"为名的论文集，该论文集的副标题为"民族主义、多元文化主义和公民"，其中收录的论文又多涉及族群文化公正和少数群体权利等议题的合理性的论证，特别是根据不同的少数群体性质对他们主张和应得的群体权利进行具体论证。2005年，金里卡与中国学者何包钢合著《亚洲的多元文化主义》一书，深入探讨了多元文化主义对亚洲的影响。2007年又出版了《多元文化的奥德赛》，对新出现的文化多样性和政治多样性的国际化问题进行了详细研究；同年，他与基思·班廷（Keith Banting）合著的《多元文化主义与福利国家》一书也出版了，对多元文化主义、族群多样性与福利国家之间关系的辩论进行了解读和重释。除此之外，他还撰写了大量围绕多元文化主义与自由主义间的争论、多元文化主义的国际化问题、少数群体权利和公民身份的关系、加拿大境内的多元文化主义问题进行研究的论文。[①] 从他的著作和文章中可以发现，金里卡致力于系统地建构一种多元文化主义的少数群体权利理论，试图在自由主义中寻找接纳和包容少数群体权利的基础，从而在多元文化主义和

---

① 这些论文中只有少许被翻译成中文，包括但不限于《自由的多元文化主义：西方模式、全球趋势和亚洲争论》，黄文前译，《马克思主义与现实》2006年第1期；《多元文化主义的兴衰？——多元文化社会中有关包容与容纳的新辩论》，高景柱译，转载自李丽红编《多元文化主义》；《当代政治哲学前沿：多元立场、公民身份与全球视野》，卞绍斌译，《马克思主义与现实》2013年第2期；《自由多元文化主义假说的检视：规范理论和社会科学的证据》，周少青译，《世界民族》2013年第2期；"Nation-Building and Minority Rights: Comparing West and East," *Journal of Ethnic and Migration Studies*, 2000; "Animal Rights, Multiculturalism, and the Left," *Journal of Social Philosophy*, 2014; "Immigration, Citizenship, Multiculturalism: Exploring the Links," *The Political Quarterly*, 2003。

自由主义之间进行调和。因此,他的理论也被称为自由多元文化主义。

多元文化主义研究的另一个主要代表人物是加拿大哲学家查尔斯·泰勒(Charles Taylor),其专著《承认与文化成员》和《多元文化主义:审视承认的政治》基本构建了他的承认的政治思想,其中包含多元文化主义的根本问题。例如,承认的政治要求一种平等承认,即一种建立在平等原则上的差异承认,各种文化都因有其自身价值而应得到平等的承认。在著作《现代性的隐忧》和《自我的根源》中,他强调文化成员身份对个体的根本意义,个体的自我建立在文化身份认同的基础之上,通过社群是人的文化归属来论证社群对个体的重要意义。这些问题被承认的政治和多元文化主义关注,因而前者常常被当作与多元文化主义的同义语来使用。①

美国哲学家迈克尔·沃尔泽(Michael Walzer)也被视作多元文化主义的辩护者。他在《正义诸领域:为多元主义与平等一辩》中提出,分配应当基于一定的成员资格,且分配的原则应当是多元的。分配正义就是分配应当基于不同文化的成员对"社会益品"(social goods)的多元理解,以期建立一种多元文化主义的正义模式来取代自由主义的普遍正义。他在《论宽容》中提出,宽容可以容纳文化的差异,因此不同文化群体之间可以基于宽容的理由和平共处。沃尔泽的多元文化正义理论通常被视为多元文化主义正义理论的代表。

约瑟夫·拉兹(Joseph Raz)在其著作《多元文化主义:一个自由主义视角》和《多元文化主义》中,集中表现了他对多元文化主义研究所坚持的自由主义立场,并指出,多元文化主义关注人类尊严,培养、鼓励文化群体的文化上和物质上的繁荣,尊重他们的文化身份,因为文化认同是个体尊严和幸福的重要来源。针对多元文化主义面临道德上的和政治上的双重挑战,②拉兹基于自由主义立场给予了回应:多元文化主义的道德价值在于通过给予群体文化的关注与尊重,从而给予这些群体的成员以尊严和幸福。对于政治挑战,拉兹试图用共享意愿来取代民族主义,而共同文化是

---

① 事实上,承认的政治不是一个可以与多元文化主义进行同义替代的概念,尽管二者之间存在极高的相似性,在问题域上也有许多重叠。本书第一章第三节中对泰勒的承认的政治思想进行了详细分析,并指出它和多元文化主义的区别。
② 道德挑战在于为什么在公民权利、政治权利与不受歧视的权利之外还需要多元文化主义;政治上的挑战在于多元文化主义用什么取代民族主义来作为政治纽带。

共享意愿的重要组成部分。

艾利斯·马瑞恩·杨（Iris Marion Young）关注少数群体权利的正义问题，主张"差异的公民身份"。她在著作《压迫的五张面孔》《正义与差异政治：对普遍公民身份理想的批判》中，对"差异的公民身份"进行了详尽的论述和探究，尤其在《政策与群体差异：对普遍公民身份理想的批判》一书中，对普遍主义公民身份进行了强烈质疑和批判，提出不同文化带给人的意义不能被普遍代表，传统的普遍公民身份往往忽略文化的差异性，这常常造成少数群体文化被边缘化，甚至遭受主流文化的压迫，差异的公民身份主张差异性的政治权利才真正符合实质的平等和正义。正是因为这一点，"差异的政治"也常常被视为多元文化主义的同义词。①

一些自由主义者站在维护自由主义理论的立场，对多元文化主义提出了质疑，与后者的辩护者之间发生了一些争论。例如，英国学者钱德兰·库卡萨斯（Chandran Kukathas）与金里卡之间，就少数群体文化权利的正当性问题进行了反复讨论②；还有一些自由主义者撰文回应多元文化主义对自由主义的挑战，如美国宾夕法尼亚大学校长艾米·古德曼（Amy Gutmann）的《多元文化主义对政治伦理的挑战》一文，英国政治哲学家布莱恩·巴里（Brian Barry）的《自由主义与多元文化主义》。对于少数群体的自决与自治问题，许多西方学者也表示了特别的兴趣，包括克罗地亚学者、中欧大学哲学教授奈纳德·米赛耶维奇（Nenad Miscevic）的《民族主义与种族冲突：哲学的观点》，以色列政治学家耶尔·塔米尔（Yael Tamir）的《自由主义的民族主义》等。

一些西方学者站在女性主义的视角，对多元文化主义理论中包含的性别平等问题进行探讨，例如加拿大多伦多大学法学教授阿耶雷特·沙哈尔（Ayelet Shachar）的《多元文化的权限：在自由社会中保持文化差异与妇女权利》、著名女性主义政治哲学学者苏珊·奥金（Susan Okin）撰写的《多元文化主义对妇女有害吗？》等。

---

① 同样，差异的政治也不是一个可以与多元文化主义进行同义替代的概念，详见本书第一章第三节。
② 〔英〕钱德兰·库卡萨斯：《存在文化权利吗?》《再论文化权利：反驳金里卡》《自由主义与多元文化主义——冷漠的政治》，〔加〕威尔·金里卡：《少数文化的权利：回应库卡萨斯》，李丽红译，转引自李丽红《多元文化主义》。

通过对国外研究现状进行梳理可以看出,总体而言,多元文化主义的政治哲学和政治学研究并未进行完全划分,政治哲学视角下的研究主要集中于金里卡、泰勒、沃尔泽和拉兹各自的理论建构以及自由主义者与多元文化主义者之间的争论。在这些多元文化主义的相关著作中,同时也包含大量对政治学基本问题的论述,例如国家认同、公民身份、民族国家建构和多元文化主义政策等问题;因此,并不存在专门论述多元文化主义的政治哲学专著。而自由主义与多元文化主义间争论和挑战的相关论文,通常被视作政治哲学视域下的研究成果。可以说,多元文化主义的政治学和政治哲学研究交叉在一起,理论研究和实践研究也相互交杂,尤其是对其核心主张——少数群体权利的研究角度十分复杂,这些共同构成了多元文化主义概念及研究呈现出复杂性的主要原因。也正是出于这个原因,"承认的政治""差异的政治""身份的政治"等概念都被视作多元文化主义的同义语。

2. 国内学术界的研究成果

尽管国内对多元文化主义问题的研究从20世纪90年代末才开始,但迄今为止也形成了丰富的研究成果。国内学界对于多元文化主义研究集中于政治学和政治哲学领域。

(1) 政治学领域

政治学领域的研究,首先是常士闾教授的专著《异中求和》,这是国内第一本系统研究多元文化主义政治思想的专著,对多元文化主义的族群与国家关系、政治和社会文化建构以及各种思想流派进行了详尽的论述。李丽红的博士学位论文《多元文化—政治一体》对多元文化主义与政治一体的关系做出了政治学解读,通过追溯多元文化主义理论的产生过程来寻找它兴起的原因,并对多元文化主义理论对于政治一体的影响进行了深入探究,提出政治一体是多元文化主义的前提,尊重文化多样性是保障政治一体的必要条件。刘向东的博士学位论文《文化多元语境下的国家认同建构》分析了多元文化背景下的现代国家建构问题,探讨了多元文化主义对国家认同的侵蚀,并分析了多元文化主义的相关回应。王希的《多元文化主义的起源、实践与局限性》一文对多元文化主义的产生背景和实践发展进行了细致的考察和论证。

作为一种处理族际关系的理论,国内政治学领域对多元文化主义政策的研究成果也颇为丰富。阮西湖的《多元文化主义：西方国家处理民族关系的新政策》《澳大利亚的多元文化主义政策》，常士䦆的《超越多元文化主义》《现代性弊端与"承认的政治"——查理斯·泰勒政治思想研究》，沈宗美的《对美国主流文化的挑战》，余志森、包秋的《浅论美国多元文化主义》，周少青的《多元文化主义政策的政治和社会效果——以加拿大为对象的研究》，等等。这些文章以各个国家的多元文化主义政策为主要研究对象，对各种不同社会背景下的具体政策做出了系统的研究和评判。

（2）政治哲学领域

政治哲学领域的相关研究专著目前较少。周少青的专著《权利的价值理念之维》是关于少数族群权利的价值理念的研究专著，通过对相关理论、制度和政策文本的分析，梳理和确认了五种少数民族权利保护的价值理念。马德普在《普遍主义与多元文化》一书中，指出了普遍主义与多元文化的冲突根源，并站在多元文化主义立场对自由主义的普遍主义哲学基础进行了批判。一些学者对少数群体权利问题给予了特别关注，如宋建丽的《文化差异群体的身份认同与社会正义》、夏瑛的《差异政治、少数群体权利与多元文化主义》、李海平的《少数族群差异权利的证成》。

一些学者针对多元文化主义在西方的实践和发展前景进行了理论分析，如常士䦆的《走出虚假联合——加拿大多元文化主义政策的现实困境及21世纪变革方向》《多元文化主义是普世的吗？》，张慧卿的《自由的多元文化主义国际化及其悖论》《多元文化主义政策与欧洲福利国家困境》，聂平平和葛明的《西欧多元文化主义政策的困境与超越》《欧洲难民潮冲击下的多元文化主义政策危机》，等等，都对西方多元文化主义的实践困境进行了解读，对于这一理论的前景做出了较为消极的判断。

（3）人类学领域及译著

一些学者对多元文化主义从人类学角度进行了考察，如陈云生的《宪法人类学》一书中，对多元文化主义的起源、理论构成、实践、政策等进行了全面梳理。近些年来，国内学界关于多元文化主义的中文译著译作也频频出版，例如马可·马尔蒂尼埃罗（Marco Martiniello）的《多元文化与民主》、劳伦斯·哈里森（Lawrence Harrelson）的《多元文化主义的终结》等，李丽红主编的《多元文化主义》论文集收集了国外最新相关研究成果的译文。

综观国内学界的研究现状，各种著作和论文大多还停留在理论介绍和政策研究层面，研究多集中于政治学领域，从政治哲学角度对多元文化主义理论的研究尚少，理论上仍存在空白。总体而言，国内研究较少直接从理论层面介入多元文化主义与自由主义之间的争论，从政治哲学领域出发的研究仍然属于起步阶段，关于多元文化主义和少数群体权利的哲学探究仍然有很大的理论空间。因此，从政治哲学的视角入手来研究多元文化主义理论在国内学术界还是一个较新的课题，本书从多元文化主义的概念内涵、价值理念、少数群体权利的合法性等问题进行深入系统的发掘，以期能够填补上述研究空白。

第一章 多元文化主义的概念分析

"多元文化主义"已成为一个被普遍使用的概念,被大量应用于各种语境和场景。同时,它业已成为一种对西方学界产生重要影响的政治思潮,其涉及的相关论题十分复杂和多样,如民族国家的认同问题、文化群体与国家的关系问题、文化的道德意义问题、文化差异问题、文化和语言权利问题、身份认同问题等。这些多元文化主义所关涉问题的相关研究往往跨越了政治学、文化人类学、哲学、社会学等单一学科,其问题域的广泛和繁杂,研究立场、视角和途径的多样化,都使得"多元文化主义"一词的概念和使用情境含混不清,极易引起读者的困惑和混淆,许多学者对此表示了不满,甚至拒绝使用这个概念。美籍土耳其裔哲学家塞拉·本哈比(Seyla Bnehabib)曾指出,多元文化主义这个术语既可以用来指称将移民工人与后殖民整合进像法国和德国这样的欧洲民族国家的现象,也可以用来指称魁北克法语共同体的权利,从而确认他们的语言、文化和政治自主性,还可以用来指称在哲学、文学和艺术传统中教授西方"信条"的争论,由于它语义背景的复杂和所指的含混,所以这一术语几乎丧失了意义。[①]因此,要明确这一概念所关涉的特定问题和内容,区分多元文化主义理论研究的不同层次,首要任务是厘清这一术语在不同分类中的理论内涵。

第一节 多元文化主义的分类和内涵

多元文化主义思潮所涉及的论题表现出复杂和多样的特点,基于不同的分类方法呈现出彼此相异的侧重点和关注点。

---

① Seyla Benhabib, *Democracy and Difference: Contestihg the Boundaries of the Political*, Princeton University Press, 1996, p.17.

一 威尔·金里卡对多元文化主义的区分

加拿大女王大学著名学者威尔·金里卡（Will Kymlicka）基于多元文化主义的不同发展时期，把多元文化主义分为自由多元文化主义（liberal multiculturalism）、社群多元文化主义（multiculturalism as communitarianism）以及回应民族建构的多元文化主义（multiculturalism as a response to nation-building）。

1. 自由多元文化主义

自由多元文化主义从承认和保护个体自由权利的立场出发，提出了自身的价值诉求，即保护群体成员的个人自由权利，促使不同的少数群体彼此之间达成平等关系；承认和维护少数群体权利，因为它可以对自由主义的价值理念起到增进而非挑战作用。基于这样的目的和诉求，自由多元文化主义拒斥限制个人权利的少数群体权利，支持有利于维护和增进个人权利的少数群体权利。同时，它还主张少数群体特殊权利具备正当性，因为它有助于促进社会文化的繁荣和群体之间的彼此尊重。

自由多元文化主义建构于自由主义的多种基本观念之上，尤其是自由主义的"个人自决"观点，对这种多元文化主义起到了基础性作用，而"个人自决"则蕴含在个人自由之中，是个体自由权利的内在构成要素。约翰·罗尔斯（John Bordley Rawls）的正义原则规定，个人自由权利不能被差别对待；自由与其他社会基本益品（social goods）相比，具有绝对的优先地位和更高的价值。自由的绝对优先隐含权利的先天性和个体性。基于个人自由权利的以上特性，群体的全部意义就在于它有利于成员的利益，它并不具备脱离成员选择而单独存在的价值；个人有权自主决定自己的生活选择和幸福，因而个人应当从既定的或与生俱来的状态中脱离出来，如果成员认为维持固有的文化和习俗已丧失意义，那么个人有权变革或脱离这些文化和习俗。

首先，在自由多元文化主义视域下，个人的自由选择和决定与群体权利内在地相一致，后者是前者的基础。群体权利对于维护文化环境的稳定具有促进作用，是个人的自由选择和决定的背景。

其次，个体进行自由选择和自我决定以文化为其必然背景，个人不能脱离自己的文化而对生活目标加以选择。这种文化即为金里卡提出的"社会文化",它"给其成员提供了涉及整个人类活动范围的有意义的生活方式……这种文化不仅涉及共享的记忆（或价值），而且也涉及共同的制度和实践"①。

再次，任何一种社会文化都必然以某些少数群体及其成员作为自己的承载者，享有共同文化的个体聚合在一起，构成了具有各种不同文化特质的文化群体。这些文化群体不仅是实现文化认同的现实主体，同时也是少数群体权利的主体。

最后，自由多元文化主义认定，个体的公民身份和公民权利内在包含个体的文化成员身份，因此，通过承认个体的文化身份，并在此基础上给予少数群体成员以超出个体的普遍公民权利之外的群体权利，才能修正少数群体在社会中遭遇的种种非公正对待。

总体而言，自由多元文化主义支持文化对于个人自由选择和决定具有重要价值，即为个人有意义的生活提供选项和选择能力，同时，它全力维护文化群体间的平等，强调少数群体权利符合自由主义的基本观念，这些主张的实质是在自由主义框架内，对自由主义理论进行修正和补充。

2. 社群多元文化主义

社群多元文化主义主要是指20世纪90年代以来，建立于批判自由主义主要观念基础之上的多元文化主义理论。它重点关注的问题是，社会和个人相比，前者更具优先性，因而个体不可避免地置身于特定的社会关系和角色之中，人的社会性是个体存在的基础。社群多元文化主义主张，人们继承而来的习俗习惯和所依赖的文化，对其内部成员的生存和发展具有根本性影响，即决定并影响着他们的利益和生活目标。因此，每一个文化群体都应当得到平等和公正对待，少数群体权利正是实现群体间平等的重要保证。

首先，社群多元文化主义对自由主义式的"个体自决"及个体自由权利优先提出质疑。它认为：社会群体是个人权利的基础和前提，群体是具有集体权利的共同体；群体利益不能被视作个人利益叠加形成，而是源于群体的共同生活。因此，将群体利益简单还原为个人利益是对前者的误解。

---

① 〔加〕威尔·金里卡：《多元文化的公民身份》，马莉、张昌耀译，中央民族大学出版社，2009，第111~112页。

人们的生活方式是承袭而来的，正是生活方式为人们规定了生活的意义。社会生活不是个人选择的结果，而是个人可以做出选择的原因。因此，个人权利本身就意味着群体与个体的归属关系，特定群体的规范先在地界定或规定着个人权利的性质和内容。社会关系是构成个体"自我"的核心要素之一，个人无法脱离自己在社会中的角色，对是否从属于某种关系、从属于何种关系做出选择。

其次，社群多元文化主义质疑普遍平等的观念，后者掩盖和忽视了多样性的群体文化彼此相异之处。与此不同，社群多元文化主义提出了"差异平等"，把各个少数群体特殊的语言和文化习俗以及生活方式纳入道德考虑，尊重个体文化背景的差异，对个体公民权利和少数群体权利加以区别，拒绝用普遍主义和同质化的原则不加区别地对待所有公民，从而于一定程度上克服了社会各个群体在政治和文化等方面的矛盾和冲突。

最后，社群多元文化主义拒斥普遍正义的观念，后者的普遍主义倾向对于差异性和多样性的群体具有一定的非正义性。现代社会通常存在经济和身份的双重不平等，二者在现实中往往彼此交织和相伴出现。然而，身份的不平等不能完全还原成经济的不平等，并且前者也不完全是后者的派生。[1] 某些文化群体在经济地位和文化身份上都处于劣势，他们常被在社会经济和文化领域占据优势地位的群体歧视乃至边缘化。然而，与社会经济结构方面的不正义相比，文化方面的不正义也具有同等的重要性。为此，处于劣势地位的少数群体既需要争取经济上再分配的平等，同时也需要争取获得群体文化身份的承认。

3. 回应民族建构的多元文化主义

现代国家在民族建构的过程中，通常试图扩展和增进某一种文化在社会成员中的影响，以此来培育和提升公民的共同成员资格感。多元文化主义是对这种文化建构的回应，它反对和抵制民族国家建构中可能对少数群体的不公正对待，质疑作为民族建构工具的共同文化可能对社会中的少数群体造成不利影响，并寻找能够维护和促进群体文化公正的条件。

多元文化主义提出，国家的民族建构中常常推广一种共同语言，其目标是培育一种观念，即所有公民都共同归属并平等参与以这一语言为基础

---

[1] 〔加〕威尔·金里卡：《当代政治哲学》，刘莘译，上海译文出版社，2011，第349页。

的社会机构,从而促使公民融入共同的社会文化,发展特定的民族认同。民族国家建构的过程将使少数群体文化面临三个基本选择,即融入多数群体的文化;寻求维持自己的社会文化所需的自治权利和权力;接受永久的边缘地位。但是,需要一种理论来判断,民族国家建构给予少数群体的这些选择是否正当。各种少数群体因其不同的诉求而做出不同的选择,每一少数群体对权利的主张,都是在具体地说明和回应民族国家建构政策强加给它们的不公正。这种多元文化主义的主要目的是寻找应对国家进行的民族建构政策的途径和方式,理解并清楚地表达群体文化公正的条件,发展出可行的民族国家建构理论。

金里卡基于历史发展阶段对多元文化主义进行划分,符合多元文化主义理论发展的事实脉络,明确地呈现了多元文化主义在不同阶段与其他理论的争论焦点和核心主张。并且,三个阶段的多元文化主义具有一个共同之处,它们都关注少数群体主张的公正性,并坚持少数群体权利并不是对某些群体施以特权或歧视,而是对这些群体遭遇到的不公正对待以及由此带来的劣势的弥补。总之,金里卡试图通过对多元文化主义的发展阶段进行划分和梳理,为少数群体权利的正当性寻找依据。

二 米歇尔·韦维尔卡对多元文化主义的区分

法国社会学家米歇尔·韦维尔卡(Michel Wieviorka)根据研究方法的差异,区分了三个层面的多元文化主义,即描述性的多元文化主义,作为意识形态与准则的多元文化主义,以及作为制度和政治安排的多元文化主义。

1. 描述性的多元文化主义

描述性的多元文化主义基于严格意义上的社会学方法,对存在多元文化主义的社会进行探究。它主要关注社会中文化差异的产生方式,以及这些差异被接受的方式和差异扩展引发的社会现实。描述性的多元文化主义将多元文化主义本身视作问题,而不是将它视为对问题的回应,主张社会具有多元文化性,人的认同也是由多元的文化塑造的,从而人本身也是多元文化的。

描述性的多元文化主义承认民主社会中存在文化差异。自20世纪60年代开始,世界范围内各种群体纷纷要求确认其认同的主张,这些文化要求直接指向社会不平等,或是要求获得历史性承认。社会不断产生出不同形式的传统,也不停产生着各种不同的文化认同。这些不断产生的文化差异构成了一个异质的集合，这些差异同时也具有一些共同点，其中最重要的是，这些差异都容易表现出两个主要方向上的张力：一方面，一些希望保持其文化独特性的群体会通过强调自己的文化与其他文化的界限，保持自身文化认同的完整性和封闭性；另一方面，一些生活在开放和民主社会中，且同时归属于特定文化认同的个人，趋向于摆脱自身特定的认同。

韦维尔卡认为，差异不应被视作障碍或者现代性的阻力，而应当作为社会的一个重要特征，从而应当接受文化认同的张力可能促进认同解体。文化差异可能引发对个人主义和集体认同的挑战，描述性的多元文化主义正是对这种挑战进行的回应。

2. 作为意识形态与准则的多元文化主义

作为意识形态与准则的多元文化主义主要基于政治哲学的方法，关注与多元文化主义相关的政治措施及其优势与局限性，主张对这些措施在伦理或道德标准上的可取性进行追问，明确这些措施对社会的影响。它将自己视为一种针对文化多样和差异的社会现实的可能性答案，而非一个有待解决的问题。

韦维尔卡提出，社会存在四种承认文化差异的方式，即同化、宽容、承认与共同体主义。同化是用统一的公民身份取代个体特殊的文化身份；宽容是允许独特的文化认同存在于私人领域和公共领域；承认是尽力调节文化特殊性要求和普遍性要求间的矛盾，建立和维持尊重文化差异和尊重普遍权利之间的平衡关系；共同体主义接近于承认的方式，要求在公共领域更多地尊重文化特殊性。在作为意识形态与准则的多元文化主义看来，这种对差异的讨论只是一种"公式性"的表达，试图考量自由主义和共同体主义这两种直接对立的立场。共同体主义立场提倡少数群体的文化应当得到承认，个人将被允许习得并构建自己的主体性；自由主义立场坚持个人的主体性是在所属社会之外或者先于所属社会而形成的，个体成为主体并非因为参与了共同体的共同目标，而是因为他能够自由地选择。韦维尔卡认为，为了克服抽象的普遍主义和共同体主义的对立，可以通过引入"主体"这个术语而使双方能够清晰地相互表达，将抽象普遍主义与共同体主义的对立转化为个人自治的需要与社会秩序的需要之间的矛盾。因此，作为意识形态与准则的多元文化主义实际是试图通过引入主体概念而超越自由主义与共同体主义这二者间的哲学争论。

3. 作为制度和政治安排的多元文化主义

作为制度和政治安排的多元文化主义主要基于政治科学的研究方法，是一种巩固制度机制、国家基本法律和大量政治实践的政治行为准则。它主张对依据多元文化主义原则设立的政治制度和体制进行分析，探究这些制度和体制的产生和实行，并且评估它们的效果。

作为制度和政治安排的多元文化主义，政治原则在具体制度中的运行具有不同的经验，最典型的两种表现是相对整合的多元文化主义与分裂的多元文化主义。相对整合的多元文化主义未涉及文化问题与经济问题的明显区分，主要关注的方面不仅仅是文化差异，还包括经济参与；在这种社会条件下，少数群体的文化诉求无法与他们的社会要求相区分。这种多元文化主义主要存在于加拿大、澳大利亚和瑞典的政策中。分裂的多元文化主义则主要存在于美国社会，作为一种制度执行原则，这种多元文化主义呈现一种二元性特征，即社会经济逻辑和文化逻辑。社会经济逻辑主要体现于肯认行动（affirmative action），它主要关心的是社会不平等问题，尤其是被种族歧视所强化的社会不平等，对文化承认并不十分关注。文化逻辑体现于高校的教育体系承认文化差异，反对西方的、白种男性的或英语语言文化所推行的普遍主义及其主导。[①] 作为制度和政治安排的多元文化主义探讨了多元文化的社会历史条件，认为在社会经济逻辑与文化逻辑的二元性无法被克服的条件下，多元文化主义只具备理论上的统一性，而缺乏实践上的统一性。

韦维尔卡基于社会学、政治哲学和政治学的不同研究方法对多元文化主义进行了区分，根据不同学科的研究方法，三种多元文化主义呈现出不同的样态，各自具有不同的内涵，同时也分别解决不同的问题。但是，韦维尔卡对多元文化主义的划分并未使多元文化主义的内涵得到完全清晰的呈现。作为意识形态与准则的多元文化主义，其任务绝不仅仅是在抽象普遍主义和共同体主义中间寻找到一个"主体"概念进行调和，它还对传统的社会正义、机会平等问题构成了挑战。作为制度和政治安排的多元文化主义关注社会不平等，在对社会不平等与文化权利的关系进行探讨的过程

---

① 〔法〕米歇尔·韦维尔卡：《多元文化主义是解决办法吗?》，李丽红译，转引自李丽红《多元文化主义》，第22页。

中，实际上也包含了哲学分析的方法。

三 马可·马尔蒂尼埃罗对多元文化主义的区分

比利时烈日大学社会学教授马可·马尔蒂尼埃罗（Marco Martiniello）依据多元文化主义在诉求内容上的不同，将多元文化主义主要区分为四种，即软多元文化主义、工具化的多元文化主义、硬多元文化主义，以及市场型多元文化主义。

1. 软多元文化主义

软多元文化主义也被称为轻多元文化主义，反映了人们对自我充分发展的一种渴望，即渴望摆脱纯物质层面的束缚，并在某种世界主义环境下重新认识自我。[①] 在多元文化社会中，能够公开并自由地展示和追求自己的文化身份是人们的基本诉求，也是一种合理的诉求。

软多元文化主义是社会学和人类学的研究对象，实质是多元文化在现实生活中的实践。在现代自由民主国家中，文化、族群和宗教的多样性越发普遍，社会的生活方式和消费习惯、教育程度，都使得人们更容易接受陌生的、来自异域的文化元素，尤其是移民引入的新的文化元素。同时，人们也越发热衷于宣传和保持本土文化。这种对多元文化的热衷主要表现为源自"族群"和"世界"的烹饪、音乐、服装风格乃至哲学的强大吸引力，从而这种多样性在社会层面被追求，被赋予价值，被结构化和常态化。[②] 软多元文化主义就是指这种对文化多样性结构化和常态化的追求。值得注意的是，文化和身份并非静止不变，而是随着个体发展逐渐被造就的，文化和身份并非一成不变，它们随着社会生产、生活的变化发展而不断得以生成、构造、革新，文化多样性的现实也是在不停变迁的。总体而言，这些诉求下的多元文化主义属于文化研究范畴。

2. 工具化的多元文化主义

工具化的多元文化主义是关注与公共资源配置相关的文化权利问题，实际上是通过公共支出来推动某些特殊政策实施的承认问题。[③] 这种多元文

[①] 〔比利时〕马可·马尔蒂尼埃罗：《多元文化与民主》，尹明明、王鸣凤译，第73页。
[②] 〔比利时〕马可·马尔蒂尼埃罗：《多元文化与民主》，尹明明、王鸣凤译，第72页。
[③] 〔比利时〕马可·马尔蒂尼埃罗：《多元文化与民主》，尹明明、王鸣凤译，第80页。

化主义实质上是一种重新配置资源的形式，故而被视为一种促进平等和实现社会公平的工具。

工具化的多元文化主义是在政治学层面对于公众对多样性的认知相关的公共行为和政治表现的研究，① 包括多元文化主义具体政策、少数群体的集体行为等。多元文化主义政策是指那些认识和承认文化、宗教和身份的多样性，同时包容和鼓励这些多样性的公共倡议，具体表现为在不同领域实施的一系列公共政策，以及某些少数群体权利的法律保障。这些政策根据国家和时期的不同而存在巨大差异，这些多元文化主义政策要求的公共介入意味着国家将持续进行公共支出，作为对少数群体的文化与身份所做出的承认和对其诉求的回应。例如，国家通过给予维持和传承移民文化的社团以经费支持，鼓励这些社团及其承载的文化发展。同时，多元文化特征在一些国家甚至得到了法律的承认，并且建立了公共机构或半公共机构来监督法律的执行。少数群体主张权利的集体行为往往被称为"身份政治"，主要表现为少数群体公开呼吁多元文化主义的意识形态，提出承认其文化身份等若干诉求，诉求的内容根据文化、代际、性别、政治和经济的差异而各不相同。但是，这些极度多样化的要求具有共同之处，即都是围绕群体身份的构建而提出的，这些少数群体以不同的方式努力在公共视野中获得承认，拒绝自己的文化和身份被社会所忽略。这些多元文化主义的政策都不可避免地涉及公共机构的直接或间接参与，实际上就是公共机构通过重新配置资源来推动多元文化主义政策的实施，其实质是一种实现社会公平的工具。

3. 硬多元文化主义

硬多元文化主义相对于软多元文化主义而言，直接质疑传统的民族文化和身份概念，同时提出一种可能性，即旨在将少数族群和种族、文化和宗教群体或其成员作为公民，纳入对这种文化身份的重新定义进程。②

硬多元文化主义作为规范性研究，其重要任务之一是对"自由主义原则与对少数群体多样性的承认能否彼此相容"这一命题做出解答。为此，它提出对文化和身份的界定进行扩展，触发了关于个人和共同体在社会中

---

① 〔比利时〕马可·马尔蒂尼埃罗：《多元文化与民主》，尹明明、王鸣凤译，第71页。
② 〔比利时〕马可·马尔蒂尼埃罗：《多元文化与民主》，尹明明、王鸣凤译，第84页。

优先性问题的辩论，通过伦理和道德标准来为承认群体文化进行辩护。西方政治哲学界从 20 世纪 60 年代起，围绕多元文化主义的问题展开了激烈的公共辩论，争论的双方为自由主义和社群主义，前者坚持个人是社会的中心，对承认文化和身份的多样性持否定态度；后者认为，社群对个人而言是本体性和规范性的存在，应当承认少数群体的集体权利。"双方未达成一致和妥协，自由主义不断回归到对少数群体进行同化的立场，社群主义对少数群体可能造成封闭和分离的威胁也未达到足够的认识。这场论争在 21 世纪第二个十年之初已经不再占据上风。"① 然而，这种规范性的硬多元文化主义研究范式在这场论辩后得到了迅速发展。

4. 市场型多元文化主义

市场型多元文化主义的主要关注对象是多元文化实践的需要和生产与社会认同之间的关系，尤其是这种关系在生产和消费领域中的体现。人们对某种宗教或文化产品产生了需求，消费者又具有购买力，在这两个前提下，生产和销售等领域的供给者就会顺势迎合并满足这种需要。由此可见，市场型多元文化主义的主要目的和诉求，是将社会中多元文化实际带来的潜在利益最大化。

市场型多元文化主义具有多种形式的表现。首先，对异域风情的追求为许多产品的研发和制造提供动力，而这些产品又通过市场对社会文化多样性的增长起到了促进作用。其次，关于文化和身份多样性的论争激发了公众对这一问题的关注和兴趣，带动了多元文化主义相关问题出版市场的繁荣。20 世纪八九十年代，讨论多元文化主义相关问题的作品数量显著增长，一些作品在社会影响力和经济收益两方面都获得了极大的成就，甚至出现了以撰写多元文化主义作品为业的现象。最后，劳动力市场也开始承认和尊重工作者的文化和身份的多样性，20 世纪八九十年代，"跨文化管理"的理念开始在企业中逐渐普及和扩散，逐步发展成为多样性管理的理念；劳动力市场开始强调企业文化的多元，承认在全球化经济背景下，劳动力的文化多样性背景对企业大有裨益。这些表现已在一定程度上说明，市场型多元文化主义将经济因素作为选择和评价标准。

马可·马尔蒂尼埃罗对多元文化主义进行划分，除了依照诉求内容的

---

① 〔比利时〕马可·马尔蒂尼埃罗：《多元文化与民主》，尹明明、王鸣凤译，第 86 页。

区别,还有根据不同学科和研究领域进行区分的痕迹。不同的学科和研究领域产生不同的诉求内容。软(轻)多元文化主义是社会学和人类学的研究对象;工具化的多元文化主义是政治学的研究对象;硬多元文化主义是政治哲学的研究对象;市场型多元文化主义则是作为生产和消费行为的研究对象。对多元文化主义的这种区分,较为清晰地呈现了不同学科背景下多元文化主义研究的不同特点,并且创造性地提出了"市场型多元文化主义"这一基于生产和消费行为分析的概念,丰富了多元文化主义的内涵,也为多元文化主义研究提供了一种较为新颖的角度和路径。

四 恩佐·科伦坡对多元文化主义的区分

意大利米兰大学教授恩佐·科伦坡(Enzo Colobo)根据理论方法和研究路径的差别,区分了三类多元文化主义,即作为规范性范畴的多元文化主义、作为反意识形态的多元文化主义,以及作为全球化特征的多元文化主义。

1. 作为规范性范畴的多元文化主义

作为规范性范畴的多元文化主义试图探索出一种正义理论。这种多元文化主义的基本观点是,各种文化的价值是平等的,并以此为依据为少数群体寻求地位上的平等,建立群体间的非支配关系,消除来自主流群体的偏见和压迫,承认少数群体保护自己文化权利的正当性。它关注个人身份、个体的自我满足和社会参与,聚焦于文化和文化成员的重要性,对于抽象的个人权利和国家中立观念抱持警惕态度。

作为规范性范畴的多元文化主义,强调差异认同在哲学上的重要性,其理论内容包含对普遍主义的自由哲学的挑战。首先,它批判了自由主义的同一性观念,认为自由主义设定的个体概念是外在于社会关系的,而人们只有通过感知自己是群体的一部分,才能够获得独立的身份认同,社会和群体为个体提供生活意义。其次,它也反对自由普遍主义所推崇的一致的文化基础和同一的公民身份,认为不同的文化蕴含了不同的生活意义,不存在任何一种单一的文化可以为全人类提供统一的文化认同,不同的文化具有平等价值,因此,不存在任何一种文化可以将自身所秉承的价值观念强加于其他文化。给予少数群体权利的合理性在于,群体文化的特殊性遭到忽视,被整合到主流文化时,群体成员会受到伤害。

2. 作为反意识形态的多元文化主义

作为反意识形态的多元文化主义侧重于对普遍主义文化观念的批判，特别是对普遍主义文化观念所秉持的所谓共同"标准"、固定身份和固定归属表达了坚定的反对，呈现出反本质主义的特征。这种多元文化主义反对本质主义的固定身份和固定归属，对"同一性和差异性是个人和群体存在的基础"这一观念表达了质疑态度，认为同一性和差异性是不同可能性之间比较、调整和斗争的结果，因而个人和群体的特征并非由单一的、固定的身份所规定。这种多元文化主义也尤其强调群体间和群体内部的差异，关注社会主流文化的形成过程，是对社会中主流群体及其统治地位的解构。

实际上，反意识形态的多元文化主义并不是对社会中占有主导和统治地位的群体的认知，也不仅仅试图解决不同文化群体之间的矛盾和冲突，而在于揭示主流群体统治地位形成的原因，强调文化和身份的社会建构特质，表明文化和身份是历史和权力运作的产物。

3. 作为全球化特征的多元文化主义

恩佐·科伦坡强调，应当将文化差异问题放置于全球化背景中加以理解和研究。二战后，文化、经济和政治领域的全球化已经逐渐发展成为事实，文化差异的概念及其在社会现实中的形态也随之产生变化。这表明，多元文化主义的实践在全球化背景下不断被改变，其理论也必然随之不断进化。

作为全球化特征的多元文化主义关注文化差异的生产与再生产过程，以及这一过程中不断生成的问题与矛盾，同时，它还高度关注处理这些问题和矛盾的政治性和制度性意见。现代社会的复杂性由文化的多样性所规定，社会文化的多样性和差异性在20世纪后半叶后发生了天翻地覆的改变：西方新社会运动明确了对文化认同的需要，保持或创造自治的文化，与同化主义的意识形态进行斗争；冷战结束后民族国家危机产生，全球化扩张进一步深化，移民潮也出现了新的变化。这些改变体现出需要为文化差异探寻新的文化、法律和政治保障，多元文化主义为这种新的保障提供了可能。

恩佐·科伦坡对多元文化主义的区分依据三种不同的研究路径，清晰地呈现了多元文化主义的理论争论和发展。作为规范性范畴的多元文化主义与作为反意识形态的多元文化主义都带有哲学研究的特征；作为全球化特征的多元文化主义则侧重于社会学和政治学的研究视角,而将多元文化主义放置于全球化背景中加以考察,是在历史和实践的视野中对文化差异问题进行深入探究,为多元文化主义研究增加了历时态的视角。

综上所述,金里卡根据多元文化主义发展的不同历史阶段,对多元文化主义相关问题的哲学争论进行了阶段划分,从而区分出三类多元文化主义,其研究集中于哲学领域。恩佐·科伦坡的研究路径也侧重于哲学研究,但更强调多元文化主义的反本质主义特征和全球化特征,这使他的研究视角呈现出一定的独特性。米歇尔·韦维尔卡与马可·马尔蒂尼埃罗的共同之处在于,他们都是根据社会学、哲学和政治学等不同学科的研究方法对多元文化主义进行区分。二者的差别则在于,米歇尔·韦维尔卡的"作为意识形态与准则的多元文化主义"试图通过在自由主义和共同体主义之间引入"主体"概念来进行调和,为对这一问题的哲学研究提出了新的入口;马可·马尔蒂尼埃罗的划分则更侧重表现不同方法主导的多元文化主义在诉求上的差异,并创造性地提出了"市场型多元文化主义"这一基于生产和消费行为分析的概念,极大丰富了多元文化主义的内涵。

第二节 多元文化主义概念的语义学分析

多元文化主义思潮包含了许多不同的学术派别,各派的观点也具有许多不同之处,因此,明确界定多元文化主义概念的内涵极为困难。为了尽量避免对这一概念的理解造成歧义,我们首先可以从语义学角度对这个概念进行一种概要的分析。

"多元文化"一词由"多元"和"文化"两个概念复合而成。具体来看,"文化"一词与"多元文化主义"概念的处境较为类似,同样是一个被广泛使用却难以明确定义的概念,然而,与后者相比,由于"文化"一词的使用历史和范围更为久远和广泛,其概念的自明性程度也必然高于后者。

一 多元文化主义概念中"文化"辨析

"文化"作为一个在各种场景中被广泛使用的词语,其内涵也必然呈现复杂的特征。在不同研究视角下,对"文化"的定义也存在各种不同的解释。

西方的"文化"概念从词源上可追溯到拉丁语的 cultura,其本义是人对土地的耕作和改造。后来,西塞罗(Marcus Tullius Cicero)通过"智慧文化即哲学"这句话,把文化的含义引申为改造和完善人的内在世界。中国的"文化"概念则源于《周易》中"观其人文,以化成天下"的观点,这里所提到的"人文化成"就是汉语中"文化"一词的最早形态。日本学者最早用"文化"一词翻译英语的"culture"。通过对比可以看出,汉语的"文化"一词强调精神,同时也一定程度上有着西方"culture"中有关耕种和驯养的含义,将文化置于一定的生活方式之上来理解,对某种人伦关系进行细致观察,同时凭借这一外在于人的规范来对个体的行动加以约束。西方的"culture"则更加强调,它是一种依据内在的生命力而形成的价值规范。[1] 但"文化"的中西词源都有着共同的含义,即文化是按照人的要求和方式去改变环境和人自身。

英国著名历史学家阿诺德·汤因比(Arnold Toynbee)提出,每种文明都包含经济、政治和文化三个部分;文化是文明的核心部分,是文明中相对稳定的要素。文化能够揭示文明的本质特征,对社会在政治和经济方面的发展起制约作用。亨廷顿(Samuel P. Huntington)提出,文化和文明不同,它是区分不同文明的重要依据,涉及一个民族全面的生活方式,包括价值观、准则、体制和思维模式,是所有文明定义的共同主题。[2]

美国文化学者克罗伯(A. L. Kroeber)和克拉克洪(D. Kluckhohn)在《文化:一个概念定义的考评》这本书中,将文化的定义归结为六种类型。(1)作为描述性的文化是一个内容复杂的整体性概念,它包含艺术、伦理、知识、法律、信仰以及人们习得的能力和习惯。按照这样的理解,文化从内容上就成为包括思想与信仰、风俗习惯、法规制度、工具技艺及其他相关领域在内的庞大的文明综合体。这种对文化的理解试图通过列举的方法将文化可能涵盖的内容全部呈现,但对于一个如此抽象和复杂的概念,这种理解方式过于简单,也容易忽略掉文化的其他构成要素。(2)美国学者萨皮尔(E. Sapir)提出"历史性的文化",其含义是在人类历史和生活中

---

[1] 衣俊卿:《文化哲学十五讲》,北京大学出版社,2004,第14页。
[2] 〔美〕亨廷顿:《文明的冲突》,周琪译,新华出版社,2010,第20页。

通过社会遗留和传承而来的物质和精神。这种对文化的解读是以相对静止和固定的方式来理解文化，虽然对文化的稳定性有所强调，但不能体现它对人类所具有的能动性。（3）规范性的文化概念则体现为标准化的社会传统、生活方式和社会价值观，主张在文化发展进程中，规范性观念对人类行为产生着持续性作用。（4）文化的心理性定义规定，文化是人类为适应外界环境和他人所使用的一整套调整方法，是一个社会群体历代成员习得的知识，在风俗、传统和制度等方面的体现，也是他们所学到的有关如何共同生活的知识的总和。对文化的心理性理解更接近文化人类学对文化的定义，强调学习和习惯在文化中的重要地位。（5）文化的结构性定义表明，文化的各种特性在不同程度上相互关联和结合，形成一个较为完整的整体。文化结构互相联系、彼此结合，从而产生出各具特殊性的社会模式。通过对文化的结构性理解认识到，文化是一种用来对行为进行解释的概念，而并非行为本身，它已经远离行为的可观察性标准，[①] 从而成为生活的规划体系。这就把文化从行为和人类活动这种较为直观的层面中抽离出来，成为给人类活动和规划提供选择的抽象概念。（6）文化的遗传性定义规定，文化是人类所生产的一切产品的总和，包含了物质产品和非物质产品，其中蕴含了所有关于人类的观念，包括由符号所传递的思维和行为模式。对文化概念定义的这种分类考察为我们梳理了不同视角下，文化概念呈现出的不同特征和重点，有助于较为全面地理解和把握文化的含义，但是，这种对文化的分类呈现出碎片化的解释，无法为我们提供一种对文化的整体把握和一般理解。

在哲学视域中，一般从广义和狭义两种层次对文化概念加以认识和分析。前者包括器物性文化、精神性文化、制度性文化等：器物性文化即自然物的人化，是人对自然物的属性和存在样态进行改造，与此同时也改造着自身；精神性文化即在器物性文化构建过程中内化并在此基础上形成的一种观念的为我关系，[②] 即以观念形式存在的文化；制度性文化即在群体和社会交往中形成的约束和塑造人们行为的规则，也属于意识范畴，其本质仍是精神性文化。"狭义的文化概念则专指精神性文化，包括各种知识，包

---

① 郭莲：《文化的定义与综述》，《中共中央党校学报》2002年第2期。
② 陈新汉：《哲学视域中的文化、文化功能及文化自觉》，《哲学动态》2012年第8期。

括道德上、精神上及经济上的价值体系,包括社会组织方式,及最后但并非次要地包括语言。"① 精神性文化以观念形式存在于人脑中,并以符号的形式外化于物质载体,以一定的社会化形式而存在。尽管精神性文化是人造的,但它产生之后也会随之发展出新的问题,具有一定的自主性。通常对文化的理解往往基于狭义的文化概念。总体而言,虽然广义文化和狭义文化的划分可以层次清晰地展现文化的内容,却并不能细致地体现人、文化、社会三者间的关系。

马克思的实践哲学能够超越这种划分方式,为我们提供更能体现文化的属性和实质的文化概念。人作为物质性存在,必然要同外在于人的世界进行物质交换,通过这种交换关系获得维持自身需要的物质资料。因此,这种物质交换必须以人的方式来进行。陈晏清、王南湜指出,外部自然不是为了人类的目的而存在的,人为了能够以人的方式与外部自然进行物质交换,就必须通过自身的活动,改变外部自然对于人的需要所具有的外在性,扬弃其不合目的性的直接存在形态。②

在马克思的理解中,人的生命活动是有意识的自由活动,即劳动或实践活动,人的本质就体现于这种活动之中。在实践活动过程中,个体的意志和目的被对象化于外部世界中;人通过对外在于人的事物加以改造,改变其存在形态,使其能够满足人的目的和需要。在这种基础上,人与世界之间形成一种围绕人的存在、服务于人的关系,即文化关系,它明显与自然存在有所区别;由这种关系组成的世界就是文化世界,包括物质形态的文化以及以此为基础的观念形态的文化世界。③ 这表明,文化的实质是人的本质力量的对象化,或者是对象化的人的本质力量。

由于通过实践来满足人的需要是一个动态过程,因此,人的本质力量的对象化也必然呈现动态性和过程性。李德顺指出,文化归根到底是"人的生活样式",不要把它当作名词而企图寻找某个现成的东西来代表文化,而要联系人的活动方式和过程,理解文化就是理解人。④ 由此可见,主体性和人本性构成了文化的基本属性。阎孟伟提出,文化的各种存在形态作为

---

① 费孝通:《文化与文化自觉》,群言出版社,2005,第20页。
② 陈晏清、王南湜:《论文化观念变革的意义》,《天津社会科学》1992年第6期。
③ 陈新汉:《哲学视域中的文化、文化功能及文化自觉》,《哲学动态》2012年第8期。
④ 李德顺:《什么是文化》,《光明日报》2010年3月26日。

人们有意识、有目的活动的产物，都必然包含人们对自然界和社会生活的观念上的把握，包含内化到人类实践活动的过程和结果中的人类精神。也就是说，文化形态体现着人的存在的自为性、人的活动的自由性，以及人与自身活动结果的自我相关性。① 这种对文化的实质的理解充分地展现了文化、人、人类社会三者之间的相关性。

文化的另一实质属性是社会性，这是由实践活动的社会性所决定的。正如阎孟伟所指出的，内含于实践活动中的人类精神必然是一定社会群体、一定社会共同体中的人们在共同的社会生活中运用同一种语言进行观念交往的过程中形成的共同意识。在观念的交往中，人们通过信息的交流和心理倾向上的互动，彼此沟通、互相了解，从而意识到群体共同利益和需求的存在，并对生活实践所面临的问题达成共识。② 这就是说，每种文化都因实践的社会性而获得一定的共识性基础，文化交往过程及在其中形成的共识为文化成员提供了归属感，而这种归属感又形成了个体社会认同的基础。群体中的每一个体都对所属的群体文化产生归属感，并对所属文化实现更新。

金里卡的"社会文化"概念的实质，③ 也是强调文化的社会性，文化的社会认同对个体的人具有重要意义。从内容上看，"社会文化"概念实际上包含制度性文化等多种文化形态在内，更接近于广义文化的内涵，它超越了通常理解的精神性文化，指向了社会生活中的其他多种文化形态。由此可见，"多元文化"一词包含的"文化"，比其形容词"多元文化的"中的"文化"内涵更为复杂，后者通常只包括社会生活中的各种文化多样性产品，仅限于文化的物质存在形态；按照这种理解，文化多样性就被简单地解读为文化产品的多样性，例如 3S 模式的多元文化主义④和软多元文化主义。

总体而言，大部分多元文化主义概念不是仅仅从狭义角度来解释"文

---

① 阎孟伟：《社会文化的实践哲学诠释及其意义》，《学术研究》2013 年第 1 期。
② 阎孟伟：《社会文化的实践哲学诠释及其意义》，《学术研究》2013 年第 1 期。
③ 具体概念表述参考本章第一节"自由多元文化主义"部分，金里卡对"社会文化"进行了详细论述。
④ 即莎丽、炸饺子和钢鼓（saris, samosas and steel drums），其主要意图是鼓励多元文化社会中的各种传统习俗、饮食文化和艺术。

化"一词，而是默认了文化的人本性、主体性、社会性，强调文化为其成员提供归属感和社会认同的基础。

二 多元文化主义概念中"多元性"辨析

"多元文化主义"概念的复杂性，不但同"文化"一词内涵的多样性有关，也同"多元性"这个词的多层次解释密切相关。对文化实质的理解和社会文化多样性的现实，是解读"多元性"的重要前提和基础。

人与自然之间最基础的关系，是人类改造外部自然使其满足人的需要的实践活动，这是文化最深层的基础。然而，实践对于文化的制约或限制只是在一定范围内，限制其活动的可能性空间。这样一个可能性空间，是人类主体能够自由抉择的空间，同时也是人类精神现实活动的领域。在此现实的可能性空间内，人们能够选择任何一种特定的精神活动的方式，即形成特定的文化观念。[①] 相同或相似的实践活动形式可以形成不同的文化，而人们活动的目的又受到文化的影响和支配，从而也影响着人们的选择。换言之，在人与自然的交互作用和人与人的交往关系的基础上，形成了各种不同的经济、政治和文化样态。由于自然环境和社会环境的多样性，人与自然和人与人之间的交互关系呈现出多样性，作为主体的人也是多样的，这些要素共同决定了人类文化的多样性特征。

从现实角度来看，不同的文化有着不同的成长过程和目标，包含不同的生活方式和态度，因此，文化的"多元性"既意味着文化种类的不同，同时还意味着文化内部也存在种种差异。除此之外，当代社会中的文化多样性还不可避免地同全球化时代背景相关联，文化的交流和传播扩展到世界范围并带来了一系列文化融合和文化冲突现象。由此可见，文化的多样性内在于文化的形成过程和存在之内，多元性是文化的固有属性。

尽管文化概念内在地蕴含多元性，但也包含统一性的趋势。"任何一种文明的成长都具有一种内在的对普遍性的追求，它是对'多'中的'一'进行把握的一个结果。"[②] 寻求普遍性即是对统一性的要求，这是人类文化

---

① 陈晏清、王南湜：《论文化观念变革的意义》，《天津社会科学》1992年第6期。
② 马德普：《普遍主义与多元文化》，人民出版社，2010，第234页。

的"形而上学本性"。人类社会中,各种群体在利益和文化方面具有各自的特殊诉求,然而,每一个群体内部,人们因共同的文化成员身份而获得尊严、归属感和社会认同。当不同社会群体之间的互动交流不断扩大范围的时候,谋求群体之间的和谐共存,也必然会使人们谋求更大范围的文化认同,从而力图在文化上寻找相融相通的契机。因此,多元文化主义概念中的"多元性"超越了多样性和差异性的内涵,包含对统一性的确认,因而是多元与一元的辩证统一。

在社会现实中,政治国家中也存在多元性和统一性的辩证关系,二者之间始终存在一种张力。近代以来,主权国家与各个种族民族群体之间的关系就是多样性和统一性张力的表现。政治国家把所有公民都纳入同质化的民族国家,个人的公民身份显示了个人在国家面前的同质性。与此同时,同主流社会不相融合的那些少数群体,在国家的统一性驱使下逐渐被同化;坚持不被同化的那些群体或者渐渐被边缘化,或者被排除出公共领域而退入个人领域。在近代民族国家建构的过程中,个体特殊的文化身份被淡化甚至被抹去,所有社会成员都成为同质化的国家公民。[①] 除此之外,在任何一个国家的发展过程中,都孕育着一种天然的文化一致性的要求,这是增进共同体内部凝聚力的需要,也是共同体内部实现顺利相互交往的要求。但是,现实中群体的多样性仍然存在并无法被同化,公民的文化成员身份并未被公民身份所替代,人们越来越关注和强调自己的文化背景和成员身份。由此可见,国家的统一性要求和多元性表现之间也呈现出辩证统一的关系。

本质主义认为,文化以一种确定性的存在方式对文化成员的行动和观念产生影响并进行塑造,各种文化载体和文化本身都是表达某种共同本质的既定性存在,它将社会文化及其发展视为某种固定不变的同质化过程,否定了文化的多元性和流变性。多元文化主义与这种本质主义文化观不同,它认同文化内在蕴含的统一性和确定性特质,但是,它仍然承认文化的异质性和流变性,尊重文化的多样和差异性表现。这种文化观强调对文化同质化倾向的消解和解构,表现为各种群体文化以其个性和独特的价值与同质化相对抗。文化本身是一个包含统一性与多样性的整体,它自身蕴含的

[①] 参见常士訚《异中求和——西方多元文化主义政治思想研究》,第4~6页。

统一性与多样性之间的张力，构成了一种文化自身发展的可能性空间，使其能够在这种张力的推动下不断变化和再生，因此文化的根本属性必然包含异质性和动态性。

"一元文化"观与多元文化观相对，它以普遍主义为思想基础，植根于西方古典自由主义哲学，根源自西方的形而上学传统，主要表现是对万物本源的追问和对超越时空的"真理"的追求。从自然界到价值领域，西方传统形而上学为普遍主义提供了坚实的基础。自然科学产生于对自然界普遍性的追求，自然科学的发展也反过来强化了人们对普遍性的依赖，将这种对自然普遍性的追求加诸人文领域和价值世界是普遍主义思维方式的内在要求。多元文化观认为，建立于普遍主义原则基础上的"一元文化"，是一种虚假的、具有纯粹统一性的文化幻相。这一虚假的幻相作用于现实的社会实践，常常表现为国家对各种非普遍主义的、多样的文化进行强制性同化，从而容易造成非主流文化的生存空间被压缩，以及这些群体被主流社会歧视和排斥。

除此之外，多元性还包含与普遍主义和"一元文化"相对立的价值多元。文化多元中包含价值多元的事实，各种文化内在蕴含的价值观彼此不同，后者构成了文化最为核心的部分。这些差异性的价值观念彼此之间无法按照某一标准进行等级排序，也不存在一种价值观念可以将其他价值观统摄或同化。因此，多元文化中的"多元性"必然地蕴含价值多元。

尽管多元文化中的"多元性"彰显了一元与多元的辩证统一，但是其辩证统一程度较弱，未能摆脱现实中"一元文化"与多元文化的对立关系。同时，文化多元与基于普遍主义的政治权利结构之间也存在一种对立关系，前者往往迫于后者的力量而回退为"一元文化"。因此在实践中，这种对立关系常常表现为，各种文化群体在同一国家内部或是在国际关系中，需要达成政治上的契约来维护它们之间的和平关系，否则会反复出现民族、宗教和文化上的冲突。

第二章　多元文化主义的问题域

多元文化主义不仅在概念上显现出复杂性，其所涉及的问题也繁复多样，问题域十分广泛。因此，从政治哲学和文化哲学视角分析多元文化主义的问题域显得尤为必要。

第一节　多元文化主义与政治哲学

当代政治哲学中有一系列概念与"多元文化主义"所蕴含的内容高度相似或部分重叠，例如"承认的政治""差异的政治""身份的政治""差异的公民身份"等。它们容易将交叉问题导入其他领域的研究，使多元文化主义的问题域显得含混复杂。所以，对这些问题进行详细探究，分辨它们与多元文化主义所指涉问题之间的关联性，可以加深对多元文化主义的了解。

一　承认的政治

"承认的政治"（the politics of recognition）是由加拿大哲学家查尔斯·泰勒（Charles Taylor）提出并重点加以阐述的，因其诉求的内容与多元文化主义具有部分重叠，常常被认为是多元文化主义的同义语。然而，无论是基于查尔斯·泰勒自己的态度，还是基于他的"承认的政治"概念所具有的内涵，都不能判定"承认的政治"是一个与"多元文化主义"内涵完全一致、可以相互替代的概念。因此，通过对这一概念及其内涵进行分析，可以对它与"多元文化主义"的关联和区别进行明确界定。

"承认的政治"必定包含对承认的理解。在泰勒看来，承认问题与认同问题[①]本质相关，认同部分地由他人的承认构成，得不到他人的承认或是只

[①] 泰勒对于认同的理解可以概括为，认同意味着个体对于自己身份的理解，即对"我是谁"的理解，以及个体自己作为人的本质特征的理解。实际上，这种认同是指个人认同。

得到扭曲的承认,会对人们的认同构成显著伤害。① 所以,正当的承认构成了个人自我认同的基础,理解承认就必须先理解认同。

泰勒的认同概念包含美国社会文化批评家莱昂奈尔·屈瑞林(Lionel Trilling)所称的"本真性(authenticity)理想",是泰勒认同理论中的一个重要概念,它代表泰勒对道德的根本看法,即道德情感是一种内在的声音。他指出,18世纪以前,人与自己内在天性的联系并不具有道德意义,因而人与人的差异也被认为不具有道德意义;而正是从赫尔德开始,本真性所蕴含的"独特性"才被发掘,每个人具有独特存在的方式才被赋予意义。这种本真性的理想(也就是认同),需要通过对话的形式得以实现。泰勒提出,即便是隐士和离群索居的艺术家,也不可避免地要通过对话来建构认同,例如隐士的对话者是上帝,艺术家的对话者是听众。人之所以成为能够自我理解的主体,之所以能够建构自我认同,离不开人对语言②的掌握,而语言则是通过与他者的交往才能够习得,从而人总是通过对话来建构认同。因此,认同需要通过个体与他者的对话来实现,它本质性地依赖人和他者的对话关系。③

泰勒首先划分了不同形态的承认,包括"扭曲的承认"和"平等的承认",并对这些承认的不同形态进行了逐一分析和解读。"扭曲的承认"包含"歧视性的承认"和"等级性的承认",二者都是不平等的承认。"歧视性的承认"的主要对象是女性和黑人,他们被迫接受自身卑贱低下的形象,这种形象内化于他们自身,从而难以将自己从这种被强加的认同中解放出来,"扭曲的承认"不可避免地会造成现实中的扭曲和压迫。"等级性的承认"存在于近代社会之前,以带有优先权性质的"荣誉"作为评价社会成员的尺度,这种条件下的承认建立在社会等级制度之上,基于人的社会地位和社会角色实现对个人的承认。"平等的承认"首先是指由卢梭开辟的,建立于同一性基础上的"平等尊严的"承认,卢梭主张建立一个以自由平等来对抗等级制度的社会。卢梭认为,在封建等级社会

---

① 〔加〕查尔斯·泰勒:《承认的政治》,董之林、陈燕谷译,载汪晖、陈燕谷编《文化与公共性》,三联书店,1998,第290页。
② 泰勒在这里使用的"语言"概念包括艺术、姿态和爱。
③ 〔加〕查尔斯·泰勒:《承认的政治》,董之林、陈燕谷译,载汪晖、陈燕谷编《文化与公共性》,第298页。

中，"等级性的承认"得以建立的基础在于对优先权的追求，而这种对优先权的重视实质是一种对他人的依附关系。这种传统等级制社会中的尊重与尊严，也必然带有等级性和优越性，卢梭将之称为"傲慢的话语"。他痛恨并驳斥这种"等级性的承认"，提出交互关系是平等承认的基础，它能够使人摆脱对舆论的依赖，并促使全体人民形成共同目的，从而保证每一个顺从公意的人都保持了与自己的内在同一，顺从公意同时具有顺从自己的意义。这种承认包含一个"共同的自我"，它带有目的统一性，每个公民都平等地享有尊严和承认，拒绝对公民进行等级划分。卢梭提出的"平等的承认"强调平等个体之间的相互承认。

泰勒指出，"平等的承认"的另一种形态是差异政治，这种观念基于每一个体都享有自己的独特认同，这是个体区别于其他个体的独特性，社会中每一个体都平等地具备这种独特性。为此，差异政治谴责任何形式的歧视，拒绝忽视和同化居于被统治地位的多数人。这种差异政治和平等尊严的政治，共同构成了"平等的承认"。但是，这两种平等承认的政治遵循不同的原则，彼此之间存在种种矛盾和冲突。卢梭所开创的平等尊严的承认形态，泰勒称之为"普遍主义政治"（politics of universalism）。从近现代自由主义到当代新自由主义，都主张这种以个体为基础的普遍主义政治。称之为"普遍主义政治"的原因是这种观念建立在一种普遍主义的政治要求之上，所有人平等、普遍地享有政治权利，个体追求的目标具有绝对的一致性。因此，这种普遍主义政治的一个重要特征就是对差异的否定，一切差异都要放弃其独特性而符合"公意"，从而只能给予独特的文化认同以有限的承认。

当代自由主义继承了这一普遍主义传统，认为所有公民享有具备同样内容的个人自由权利，作为公民的个人是同质化的；具有理性的个人拥有自我决定的能力。因此，国家在对生活目标和意义的理解上应当采取中立的立场，从而使所有来自不同文化背景的个体都可以在此基础上实现交往和共存。对于国家是否应当持有中立立场，美国哲学家罗纳德·德沃金（Ronald M. Dworkin）给予了否定性回答。他区分了两种道德承诺，一种为"实质性承诺"，另一种为"程序性承诺"，前者认为每个人都有自己的生活目标以及对美好生活的理解，后者认为对生活目标和美好生活理解上的不同，并不影响个体间彼此相互公正对待。国家支持任何实质性的生活目标都会破坏程序性承诺,故而应当在生活目标和意义的问题上采取中立的立场。泰勒指出,权利平等的自由主义传统漠视差异的原因有二,一是在界定个人基本权利时基于统一规则,二是它对集体目标抱有怀疑态度,认为社会支持追求某种集体目标的群体可能会造成践踏无差别的个人权利,可能导致对内部成员和外部成员产生区别对待,对不属于受益于这种集体目标的群体具有内在的歧视性。

差异的政治对普遍主义政治的质疑,主要集中于两点。第一,差异政治否定了普遍主义对个人权利的界定所依据的无差别原则,主张应当承认并鼓励特殊性,正视个体的差异并以此为原则来作为权利分配的基础。第二,差异政治从根本上否定普遍主义政治所宣称具有的"普遍性",这种普遍性外衣下包裹的只不过是经过精心包装的特殊性内核。普遍主义政治本身只是某种特殊文化的政治表述,并非如其所宣称的与其他文化可以彼此相容,因此建立于这种普遍主义之上的文化中立也只是一种"信条"。

泰勒的承认的政治,正是试图克服普遍主义的政治和差异政治的局限性,在二者之间探寻第三条道路,他称之为"温和的自由主义"。首先,泰勒赞同差异政治对普遍主义的政治提出的第一条质疑,认为应当把那些神圣不可侵犯的、必须无条件维护的基本权利,同那些重要的但出于公共政策的缘故可以取消或限制的特权和豁免权区别开来,尽管这样做要有充足的理由。[①] 他提出了一个具有现实意义的理由,即多元文化社会越来越多地形成和出现,它们都不止包含一个文化群体,并且,每一文化群体都要求保存其自身的独特性,因此,同等对待所有公民的重要性并不总是能超越文化保存的重要性,而普遍主义政治所持有的程序性承诺在这一现实背景下表现得过于僵化。

其次,对于差异政治主张不同文化具有平等的价值,并且要给予这些价值实质性承认的要求,泰勒持有部分怀疑态度。他肯定了多元文化主义与差异政治都主张给予被排斥的文化群体以适当的承认,运用伽达默尔(Hans-George Gadamer)的"视域融合"概念来对这种承认的合理性进行解读。理解与自己的文化截然不同的另一种文化,应当将其作为与自身的文

---

① 〔加〕查尔斯·泰勒:《承认的政治》,董之林、陈燕谷译,载汪晖、陈燕谷编《文化与公共性》,第318页。

化背景相并列的一种可能性,"视域融合"能够为理解不同的文化提供新的语汇,通过使用这些语汇来理解并融会不同的文化特点。因此,拒绝承认文化差异是不合理的,是对平等的否定。但同时泰勒也对差异政治的部分主张表示质疑,他指出,差异政治的逻辑起点是所有的文化都应得到平等尊重,哺育了整个社会的文化都为全人类做出了重要的贡献①,然而,这一逻辑起点只是一种假设,建立在假设基础上的论断的有效性则需要通过实际研究才能证明。基于差异政治的多元文化主义要求对待文化差异应当给予尊重和适当的承认,但对于何谓适当的承认,泰勒的主张和差异政治出现了分歧。差异政治并非将自身的逻辑起点视作一种假设,而是要求对不同文化及其所创造的价值做出实质性判断。泰勒对此表示质疑,认为这种要求是不恰当的。假设不同文化都具有价值的态度是正当的,而要求最终承认不同的文化一定具有很高价值或与其他文化具有平等价值则是不正当的。泰勒指出,多元文化主义要求对所有文化的价值做出相同程度的肯定性判断,表明它实质上包含对同质性的追求,这是与差异政治的初衷相矛盾的。他认为,差异政治的这种要求忽视并背离了平等原则,是一种新的歧视性要求,即给予原先处于扭曲承认中的群体以其他群体所不具有的特殊权利,成为对平等原则的倒退和背叛。

由此可见,泰勒提出的"承认的政治",是在普遍主义政治和差异政治之间寻找到一种折中的立场。他既肯定了普遍主义政治的普遍平等原则,又否定了它无视差异的同质化倾向;他赞同差异政治所主张的对待文化差异的平等承认,同时否定其违背普遍平等,要求特殊权利和对所有文化进行实质性价值判断的主张。承认的政治试图对群体权利与个体权利、差异与权利之间的内在冲突进行调和,从而实现权利与差异的共生共荣。②

根据泰勒关于多元文化主义的论述可以探知,他的"承认的政治"与"差异政治"和多元文化主义具有不同之处。在他的理解中,"差异政治"主张特殊权利,多元文化主义在此基础上要求更多,主张对所有文化进行实质性价值判断;而"承认的政治"否认差异政治和多元文化主义

---

① 〔加〕查尔斯·泰勒:《承认的政治》,董之林、陈燕谷译,载汪晖、陈燕谷编《文化与公共性》,第325页。
② 宋建:《承认政治与后权利时代的正义》,《厦门大学学报》(哲学社会科学版)2013年第2期。

上述两种主张的合理性，仅仅对"差异政治"所主张的对文化差异平等承认的态度表示认可。也就是说，泰勒的"承认的政治"，内在地包含这种观念：对于不同的文化所具有的价值只能保持一种开放的研究态度，而不能假定所有的文化都具有价值，更不能强制性地给予所有文化以平等的价值。这种观念反映泰勒"承认的政治"的局限性：仅仅假设不同文化具有价值，只是在形式上承认不同文化具有平等价值的可能性，并非对文化差异实质性的承认，因此，这种"承认"的范围、边界和内容都并不能得到解答。

国外学者皮特·琼斯（Peter Jones）在《政治理论及文化多样性》一文中提出，"承认的政治"最大的问题在于，它提出了两个彼此矛盾的要求。一方面，它要求人们要相信自己所属的文化的意义，包括它所体现的价值观和信念；另一方面，它要求人们也要相信其他文化的意义。[1] 这表明，承认的要求在理论上似乎存在逻辑上的悖论，在现实中，接受自己所享有的文化和价值相矛盾的文化也威胁着群体的自我认同。泰勒提出"承认的政治"包含对普遍平等和差异的双重承认，是一种温和的自由主义，但通过他对差异政治和多元文化主义的质疑可以确定，他的"第三条道路"实际上仍然偏向普遍主义平等，这是"承认的政治"所始终坚持的价值，是"近普遍主义政治"的承认政治。

值得注意的是，美国政治哲学家南希·弗雷泽（Nancy Fraser）也使用了"承认的政治"这一概念，但她所理解的"承认的政治"与泰勒并不完全一致。她将社会经济领域的不平等称为"经济的不平等"，要求解决经济不平等的相关政治理论即为"再分配的政治"，同时，她把文化差异导致的不平等称为"文化的不平等"，解决文化不平等的相关政治理论即为"承认的政治"。不同社会群体因社会经济地位不同造成了经济和政治资源分配的不平等，这表现出一种非正义性，需通过社会资源和财富的再分配等手段来解决。文化和身份上的差异所造成的文化不平等需通过承认文化差异和文化独特性的途径来解决。再分配的政治目标是减少群体之间的差异，它只能一定程度上缓解文化的不平等，但不能彻底解决经济的

---

[1] Peter Jones, "Political Theory and Culural Diversity," *Critical Review of Social Philosophy and Policy*, Vol, No.1, 1998, p.45.

不平等问题。20世纪后期的西方民主国家中,经济结构方面的不平等逐渐被身份和文化方面的不平等所取代,成为社会不平等的主要表现形式。"承认的政治"主张对文化身份和差异给予承认,目标是确证群体的差异,对于被贬低的身份、文化差异以及遭到压迫的群体的文化产品重新给予承认和积极的评价,通过改变个体的社会地位,对表达、理解与交往的整体社会模式进行变革,① 并据此展开一系列社会运动,成为与再分配的政治并行的一种全新政治形态。

由此可见,弗雷泽的这一政治主张是在与再分配的政治并行存在的意义上使用的,即"承认的政治"是对再分配政治的补充而非取代。实际上,"承认的政治"是弗雷泽的正义理论的一个重要方面,"再分配的政治"和"承认的政治"构成了弗雷泽思想初期的二元正义理论。然而,"再分配的政治"和"承认的政治"只是概念和理论上的区分,在实践中二者往往交织在一起,难以严格划分。她的正义理论后期则发展为"再分配的政治"、"承认的政治"和"平等参与代表权"的三维正义,实际是将再分配问题和承认问题包含于她的"参与平等"概念之中。因此,弗雷泽在正义理论构建的基础上使用"承认的政治"这一概念,尽管它关注的内容包含文化的不正义,但是"承认的政治"所指向的对象不是文化差异的群体,而是等级地位中的群体。她的"承认的政治"不指向具体的文化成员身份,而是指向个人在参与社会生活时享有平等的资格和尊重。除此之外,弗雷泽的"承认的政治"还包括对性别不平等的承认,认为性别是文化价值的制度化模式的核心,女性群体在社会生活中和政治生活中往往居于被支配的地位,她们被排除在公共领域或审议机构之外,不仅未获得平等的承认和尊重,甚至被边缘化。

由此可见,泰勒和弗雷泽对"承认的政治"这一概念的使用有其相似性的一面,也各有其不同的理论内涵。二者相似之处在于对给予差异性文化以平等的承认表示赞同,而不同之处有两点。首先,承认的范围不同,泰勒不主张对所有文化进行实质性价值判断,只是对它们抱有承认的态度,而弗雷泽则主张对文化多样性给予正面的评价,或对不受尊重的群体及其文化予以积极的重新评价;其次,承认的目的不同,泰勒承认的目的是在

---

① Nancy Fraser, Axel Honneth, *Redistribution or Recognition? A Political-Philosophical Exchange*, Verso, 2003, p. 13.

普遍政治和差异政治之间找到解决方案，把普遍平等和承认差异相结合，找到一条温和的自由主义道路，而弗雷泽承认的目的是确证群体的差异，并在此基础上完成正义理论的建构。多元文化主义作为一个复合性概念，尽管它的含义并不具有自明性，但它在诉求内容上对文化不平等表示坚决反对，与"承认的政治"在这一关键主张上具有高度的一致性。因此，"承认的政治"与"多元文化主义"在克服文化不平等这一主张上极为接近。但因为二者在内涵上有所差别，"承认的政治"本身在泰勒和弗雷泽这里也存在多种层面的差异，因此"承认的政治"与"多元文化主义"不能作为同义词进行替换使用。

二 差异的政治

"差异的政治"（politics of difference）由美国学者艾利斯·马瑞恩·杨（Iris Marion Young）提出和使用，主张承认少数群体的文化身份具有与多数文化相同的意义和地位，接受多元文化并存的现实并将其视作对国家有利的资源和力量，应当根据差异原则和少数群体的具体文化特点进行差别对待，并给予少数群体更多的文化权利，使他们能够凭借这些权利有效参与国家的政治经济生活，同时享有并发展各自的文化传统。

杨对"差异的政治"的讨论，建立在反对自由主义的普遍主义公正理想和中立性自我的本体论基础之上。自由主义的普遍主义公正理想体现了一种同一性逻辑，在普遍与个别、公共与私人之间设立了二分法，对差异抱有否认和压制态度。杨认为，同一性逻辑要求对各种事物进行统一的思考，将它们归结到一个整体之中，将个别感官的异质性还原为思想本身的同一性，寻找一个范畴将各种具体的个别事物加以分门别类的"单一公式"，用普遍理性的恒定标准去衡量个别主体的多元性，通过自己身体所观察到的经验，将这些都还原为同一性。[1] 自由主义的普遍主义公正理想正是追求一种普遍的、客观的道德规范的结果，这种公正理想内在包含道德理性，要求公正的理性人，因而不涉及任何个别主体的视角、属性、个性。这种公正的理性人否认情景的特殊性，在任何境况中都要按照普世的观点

---

[1] 〔美〕艾利斯·马瑞恩·杨：《正义与差异政治》，李诚予、刘靖子译，中国政法大学出版社，2017，第119页。

运用普世原则；同时，它要求去除主体的情感，因为情感呈现的异质性将对理性达成总体性产生干扰；最后，它将道德主体的多元性还原为单一的主体性，每一主体都应以同样的方式和原则对待所有人。

杨认为，这种普遍公正理想及其所蕴含的同一性逻辑是在忽视差异的基础上寻求平等，将在三方面造成社会压迫的现实。首先，忽视差异的存在导致一些群体在社会中处于弱势地位，使他们在经验、文化和社会化能力等方面同主流群体形成区别。主流群体借助同化策略定义了对其他群体的衡量标准，并否定文化和经验可能存在标准之外的特殊性。然而，受压迫群体和主流群体的真正差异往往就在于被标准界定时，前者处于弱势，并通过这种标准化界定使这一弱势地位被固化。其次，忽视差异导致主流群体对自身的特殊性也采用忽略态度。"通过中性化、普遍化那些表达了特权群体的观点和经验的规范，对差异的无视，使文化帝国主义永久化。"[①]这种文化帝国主义所持有的同化主义理想对主流群体自身也同样要求同质化，从而对主流群体成员的特殊性也采取忽视。最后，偏离普遍主义中立标准的群体将遭到打击和压迫，往往造成这些弱势群体内部成员的内在化贬值。同化主义理想要求人们在行为、价值观和目标上迎合主流群体，同时把弱势群体成员标记为另类。

除此之外，杨还对自由主义的中立性自我进行了有力挑战。自由主义视域下的"自我"是自足的、通过自身来界定的个体。她区分了社群与"聚合体"（aggregate）和"联合体"（association），重点论述了作为"差异的政治"重要内容的社会群体概念，认为"聚合体"是人们因共同的属性而形成的团体，如民族、种族等；"联合体"则是人们自愿聚合在一起形成的，如大学和俱乐部等，这些聚合在一起的人们并不具有某种共同的属性，而是出于共同的目的。社会群体与这二者不同，它是根据人们的社会地位以及由此产生的共同归属感和认同而形成的共同体，这些共同体的成员在文化形式和生活目的等方面区别于他人。"聚合体"和"联合体"潜在地承认个体在本体论意义上比集体具有优先性，而杨则认为，群体比个体具有优先性，个体在群体中形成和塑造了自己的历史感和情感表达。然而，这不要求个体必须抛弃自己的特殊性，不能对自己的文化成员身份进行反思，

[①] 〔美〕艾利斯·马瑞恩·杨：《正义与差异政治》，李诚予、刘靖子译，第120页。

也不要求个人必须放弃独立于文化成员身份的部分特质。在现代社会中，群体差异已经十分显著，表现为不同群体在需要、利益、目的方面有所差异，在经验、视野、社会地位方面也不尽相同。因此，既然群体差异化已呈现不可避免的趋势，那我们就必须关注其所包含的现实政治问题：某些群体拥有特权而其他群体则遭受压迫。①

在反对自由主义的普遍主义公正理想和中立性自我的基础之上，杨提出，"差异的政治"作为坚持群体差异的解放政治，主张个体的特殊文化不应成为被排斥参与社会生活的条件，应该消除被压迫者对自己身份的厌恶。这种差异政治具有多重积极性。首先，它可以促进主流文化的相对化。受压迫的群体为坚持自身的文化价值的政治斗争动摇了主流群体坚持的普遍主义和中立性规范，逐渐瓦解主流群体的统一性诉求，促使主流群体承认群体关系的差异事实。其次，它促进了与自由主义的个人主义相对照的群体团结概念，②使被压迫群体形成自我组织。群体压迫使得被压迫群体的成员因命运境遇的相似而更加具有认同感，这不可避免地促进被压迫群体成员的团结。这种群体政治坚持一项基本的原则，即受压迫群体成员需要独立的组织，同时排斥组织之外的他人，尤其是主流群体的成员。

然而，倡导"差异的政治"也可能导致一定困境，一些对"差异的政治"持谨慎态度的人有一种担忧，即受压迫群体一旦承认与主流群体有所差别，会为自己成为附属关系和被主流群体排斥提供正当性证明。哈佛大学法学院教授玛莎·米诺（Martha Minow）指出，在差异面前，被压迫群体可能会陷入一种两难困境：忽略群体差异的形式中立的规则和政策常常会使那些自身差异被定义为偏离者的劣势永久化，但关注差异又会再次创造出差异此前所背负的耻辱。③杨给出的答案是，正是自由主义的普遍主义对差异的理解导致了这种两难困境。普遍主义将差异定义为绝对的他者和相互排斥的对立，实际是遵从同一性逻辑基础对差异的本质主义理解，把所有人都按照同一标准来衡量，从而构造出与同一标准有所偏离的群体，生产出体现为等级化二分法的差异。这种对差异的本质化理解也反映了对特

---

① 马晓燕：《差异政治：超越自由主义与社群主义正义之争》，《伦理学研究》2010 年第 1 期。
② 〔美〕艾利斯·马瑞恩·杨：《正义与差异政治》，李诚予、刘靖子译，第 202 页。
③ Martha Minow, "Justice Engendered," *Harvard Law Review* 101 (1987): 12–13.

殊性以及对自我和他者之间绝对边界的畏惧,这种畏惧植根于西方文化传统中的主体身份感,尤其是主流群体的主体性。"差异的政治"选择直接面对这种削弱主体性的恐惧,它认为群体差异是含混的和关系性的,处在变化之中,因而无法对其边界进行清晰的界定。它既不是无形的团结,也不是纯粹的个性。① 受压迫群体在争取自身的群体身份承认的基础上,要求对差异进行重新定义和解释,驳斥把差异视作对同一性规范的偏离的观点。"差异的政治"不再将差异视为他者、排他的对立,而将差异视为包含了异质性和多样性特征。

在"差异的政治"的视域中,差异是关系性范畴,而不是实质性范畴,"是群体间关系和群体与制度相互作用的函数"。② 在对差异的关系性理解中,差异的意义依照语境而变化,根据相互比较的对象、比较的目的和比较者观点的不同,群体差异的意义也体现出不同之处。这种对差异关系性的理解瓦解了对差异的本质主义假设,也防止了对差异的排斥。群体之间的差异不再意味着彼此没有任何重叠和共同之处,而是在某些地方潜在地分享着某些属性、经验和目标。在对差异的关系性理解中,群体的成员身份是流动的,它不再绝对建立于满足某些标准的基础之上,而是通过主体对群体亲缘性以及通过其他人对其他群体的认同,确认自己在群体中的成员归属。群体身份在这种流动过程中构建起来,个体在这种流动的构建过程中根据群体来识别自己和他人。

总体来看,杨的差异政治思想主要包括以下三个方面。首先,它要求清除政治体制内主流群体占有统治地位的程序和准则,消除公共生活对主流群体的需要和偏好的迎合,消除制度化的支配与压迫。其次,各种群体应当平等地参与政治生活,并在此过程中确认自身独特的文化身份。每个群体都应积极参与政治生活,从而使群体自身的利益诉求得到充分表达。同时,每一群体都应形成自我组织,各个文化群体通过不同的自治组织进入公共生活和处理公共事务。通过论坛形成的决策和政策应充分体现群体差异,在对非主流群体意义重大的问题上,这些群体应当具有决定权。因

---

① 〔美〕艾利斯·马瑞恩·杨:《正义与差异政治》,李诚予、刘靖子译,第 207 页。
② Littleton, Christine, "Reconstructing Sexual Equality," *California Law Review* 75 (1987): 1281.

此,"差异的政治"需要通过主张一种承认内在群体差异的"群体代表权"才能得以实现。民主的公共性应该提供一套机制,有效地承认和代表被压迫群体或弱势群体的独特声音和观点。这种群体代表权要求制度和公共资源必须支持:(1)群体成员的自我组织,使其实现集体赋权,并思考他们在特定社会背景中的集体经验与利益;(2)决策者有义务表明他们认真地考虑了群体观点,在此制度背景下着眼于群体,提出政策分析与制定的议案;(3)在直接影响群体的具体政策(如女性的生育权、印第安人保留地)问题上设置否决权。[1] 群体代表权能够更好地保障制定公共议程、听取议题相关意见的程序公正性,保证公共空间中的所有要求和利益在民主审议中得到承认,鼓励个人和群体根据对正义的诉求表达自己的利益和要求,提高了社会知识在公共讨论中的作用,有助于产生正义的社会结果。最后,差异政治要求差异正义和差异团结。杨反对同化的观念,认为存在于现代西方社会中统一的、普遍的道德观是基于普遍主义公正和平等观念而提出的,这种道德观内在蕴含的同一性逻辑将不可避免地导致同化,进而导致对种族和性别差异及其社会意义的忽视甚至否定,不能有效反映少数群体的相应诉求,尤其是不能为他们的政治权利提供相应的制度保障。差异正义和差异团结承认群体差异的独特社会政治意义,主张消除差异性群体所受压迫和支配,从而使差异性群体获得尊严和权利。

　　对于杨来说,"差异的政治"并非一个简单的概念。杨的理论始于对正义问题的重新理解,将社会正义的出发点理解为宰制和压迫而非分配,创造性地将差异从分配问题中分离出来,展示出社会关系与压迫的形成过程中社会群体差异的重要作用。可以说,"差异的政治"在她的理论中处于核心位置,是解决宰制和压迫而通达社会正义的必经之路。她主张差异正义和团结,反对同化主义,要求给予少数群体和弱势群体以群体代表权,这些要求体现了多元文化社会中少数群体的诉求,也的确有利于解决这些群体的困境。正因为如此,杨的"差异的政治理论"也被一些学者称为"激进的多元文化主义"。之所以称为激进的,是因为她的"差异的政治"要求具有革命性,其基本主张都对社会现实在理论和实践上提出了变革要求,尤其是明确要求给予少数群体和弱势群体以群体代表权这一政治权利,对

---

[1] 〔美〕艾利斯·马瑞恩·杨:《正义与差异政治》,李诚予、刘靖子译,第224页。

自由主义建立于普遍主义基础上的个人权利形成了挑战。在这个意义上，"差异的政治"与激进的多元文化主义是高度统一的，但是，激进的多元文化主义只是作为多元文化主义的一个流派或者一个分支而存在，而在此之外，多元文化主义还包含温和多元文化主义、自由多元文化主义等不同的分支，这些不同分支的政治主张与差异的政治并不相同，甚至可能存在矛盾。

值得注意的是，查尔斯·泰勒也曾使用了"差异的政治"这个概念，主张每一个体都享有自己的独特认同，谴责任何形式的歧视，拒绝被处于统治地位的多数人忽视和同化。泰勒与杨的"差异的政治"概念具有极强的相似性，首先，二者都否定普遍主义在界定个人权利时所依据的统一无差别的平等原则，主张应当承认和鼓励特殊性，正视个体差异并以此为原则作为权利分配的基础。其次，二者都对普遍主义政治所宣称具有的"普遍性"和中立性提出质疑，认为这只是形式上的普遍性和中立性，实质上不能为所有文化提供可能的交往基础，其本身只不过是一种特殊文化的政治表述，从而不可能实现真正的公正和平等，反而造成了现实的压迫。

尽管泰勒与杨的差异政治观念存在相似之处，但同时也表现出明显的不同。泰勒的"差异的政治"概念与普遍主义政治观念相对立，它否定后者无视差异的同质化倾向。在赞同差异政治假设不同文化具有平等价值的同时，泰勒否定其要求特殊权利和对所有文化进行实质性价值判断的主张，认为差异政治要求承认不同的文化一定具有很高价值（或与其他文化具有平等的价值）只是为了给予原先处于扭曲承认中的群体以其他群体所不具有的特殊权利，是对平等原则的违背和倒退。这种强行要求的、肯定的价值判断也属于对同质性的追求，与差异政治的初衷相矛盾。因此，对泰勒来说，"差异的政治"需要符合普遍平等的原则才具备合理性，普遍平等原则是高于"差异的政治"的。因此，差异政治只是分析和阐释"承认的政治"时所借助的理论，调和普遍主义政治和差异政治的"承认的政治"才是泰勒所追求的目标。与泰勒不同，杨的差异政治突出强调文化平等，极力抨击作为现代正义理论基石的平等观念，认为这种平等观念对公平的机械解释本身压抑了差异，明确提出为消除现实的和潜在的压迫，在公共政策和经济制度的政策和程序上，承认群体差异要比公平对待更加重要。[①] 杨

---

① 〔美〕艾利斯·马瑞恩·杨：《正义与差异政治》，李诚予、刘靖子译，第12页。

的"差异的政治"包含了明确的政治主张和权利要求,要求承认不同群体及其文化的价值,是达成差异正义的有效途径。因此,差异政治是杨提倡和追求的明确目标。她的差异政治与泰勒最显著的不同,就在于二者对普遍主义平等观念的认识,泰勒持有一定的保留态度,而杨则提出强烈的否定和质疑。由此可见,"差异的政治"并非一个完全融贯的概念,因此并不能作为具有确定含义的术语与"多元文化主义"进行替换使用。

三 身份的政治

"身份的政治"(identity politics)是一个包含多层含义的术语,首先它关乎对身份(identity)的理解,从这个意义上看,"身份的政治"是以"身份"为构成原则的政治。身份是个体历史发展和社会角色的体现,它总是受到个体文化背景和社会角色对自己生活的意义的制约。从个体视角来看,身份是个体所具备的某种属性的表达或公共化,强调的是跨时间的单一性(singleness)和差异之中的同样性。[①] 身份意味着个体要保持自身的本质属性,不同个体都可以具有相同的本质属性。身份是共同体构建的现实基础,是个体与共同体之间建立关联的重要纽带,体现了个体之间的固有联系。正如美国社会学教授斯蒂芬·爱泼斯坦(Stephen Epstein)所指出的,身份是社会化意义上的个性,是个人对其与社会分类之关系的自我认知中的一个内部机制,同时也包含了对他人之自我认知的观点。身份是通过与重要他者的牵连(及合作)并被融合进共同体的过程,关系性地建构起来的。[②] 身份并不先于政治,而是政治的产物,作为政治共同体的成员身份必然包含政治意义,因而个人是且总是政治的,身份具有政治意义。但是"身份的政治"含义并非透明的或固定的,它是关于个体在社会中是何所是的事实;它不仅是对"我们是谁"的描述,而且是对我们在社会中所占据位置的因果解释。[③] 也就是说,身份意味着判定个体或者群体"是什么人"并使其认可这一判定。但是,身份不是社会强加给我们的,个体能够创造积极

[①] 布宁、余纪元:《西方哲学英汉对照辞典》,人民出版社,2001,第466页。

[②] Stephen Epstein, "Gay Politics, Ethnic Identity: The Limits of Social Constructionism," *Socialist Review* 17 (1987): 29.

[③] Linda Martín Alcoff, Satya P. Mohanty, *Reconsidering Identity Politics: An Introduction*, *Identity Politics Reconsidered*, New York: Palgrave Macmillan, 2006, p. 6.

的和有意义的身份使自己能够更好地理解和融入社会。身份使人能够接触和了解社会，并在这个过程中发现社会如何运作，同时为实现人以有价值的方式改变社会和自身提供可能性。

20世纪六七十年代开始，后现代政治逐渐成为社会运动的主要形式。传统政治主要关注经济上的压迫与反抗问题，与其对应的传统的社会运动或是反抗社会贫困，或是反对殖民统治或威权政府的专制统治的武装斗争。后现代政治则将关注点转向文化议题，其实践形式就是身份政治，① 与其对应的社会运动即为"新社会运动"，主要出现于20世纪50年代的欧洲和美国社会，以抵制社会不平等为主要内容。它关注"承认和语词陈述"和身份的不平等，试图重建话语权利平等、人身尊严平等、社会机会平等和财富分配平等。② 借助"个体即政治"的口号，身份政治较为快速地整合了美国20世纪60年代的民权运动、反战运动、反文化和新左派运动，重新塑造了美国政治论争的话语，并衍生出族群身份（ethnicity identity）、性别身份（gender identity）、性取向（sex）这三项身份政治的核心议题。总体来说，身份政治的基本主张是，各种群体基于自己的成员身份争取投票权和平等公民权，其实质是一系列社会解放运动。

然而，也有学者认为，身份政治并非后现代独有的产物。西方世界以美国的废奴运动和争取选举权运动为代表的政治解放运动从19世纪就开始蓬勃发展，这些运动关注身份之间的冲突以及身份对于领导权的重要作用。第三世界国家发动的以文化或身份为名的社会运动，其诉求已经远远超越了身份、承认和语词的范围，而是关注并力图矫正人们所面对的结构性的不平等。因此，身份政治只是关于分离主义、民族主义等一系列问题的最新定义。③

"身份的政治"并非仅仅以一种实践形态的新社会运动而存在，它同时也作为一种理论形态而存在。作为理论的身份政治是在对历史和现实身份问题的反思中产生的。从20世纪80年代起，身份政治在西方学术界逐渐成为一个被广泛深入研究的重要问题。"传统政治"带有明显的同质化和普遍

---

① 汪越：《身份政治的理论逻辑》，《学术界》2018年第3期。
② 马俊领：《身份政治：霸权解构、话语批判与社会建设》，《思想战线》2013年第5期。
③ Linda Martín Alcoff, Satya P. Mohanty, *Reconsidering Identity Politics: An Introduction. Identity Politics Reconsidered*, p. 8.

化倾向，身份政治理论正是建立于对其批判的基础之上，主张尊重和解放被压迫的群体，倡导一种具有包容性的多元政治民主。身份政治就是指这种基于身份的视角，关注由身份所导致的经济差异、社会压迫和文化的排斥和忽略问题，包括对性别身份、族群身份和关于其他身份的理论研究。但是，身份政治绝不仅仅是在论述"身份是政治的"这一简单命题，它是内在地促进政治社会变革的关键部分。身份政治促使社会运动选择自己的成员，同时也促使个体选择自己主张的身份运动。这是一个协商过程而非一个简单选择，因为并非所有身份都被社会运动接受。换言之，身份政治是一个辩证的、主体间的过程。① 身份政治具有一定社会历史性：在身份政治的发展进程中，不同时期的身份政治选取本质身份的维度有所不同。身份政治还具有多元性：存在多种身份政治，它们因是同质的或异质的而具有多元性，个体可以接纳的身份政治也是多元的。

身份政治强调身份认同产生于日常生活实践，个体由于文化背景和环境经验的不同，必然会产生出不同的自我身份认同，而"人们有权实现他们自己的认同——处置他们的个人创造力、他们的感情生活，以及他们的生物性与人际间的存在等等的可能性"。② 身份政治正是基于主体的自我身份认同而产生的，因此它不会为求身份认同的稳固而对享有同一身份认同的个体之间的差异进行忽略或压制，相反地，它的核心诉求就在于确证个人"为自己命名"的权利的合法性。③

身份政治的主要诉求是实现差异的平等，首先要求制度化的文化模式体现身份平等。在弗雷泽和杨的理论中，差异平等占据了重要的，甚至是核心的位置。弗雷泽指出，差异平等使行动者成为能够彼此同等地参与社会生活的平等者，因此，她的身份平等来自参与平等的理想。根据弗雷泽的理论建构，参与平等要求人们平等地参与社会互动，因此参与者不能因为身份而被拒绝给予参与权利，或是被部分剥夺参与权利。她认为，差异是否自然并不重要，因为它们是在自我中被建构的，也就是在身份中被建构并作为一种社会事实而存在，因此，作为差异基础的身份应当被承认和

---

① Renato Rosaldo, *Identity Politics: An Ethnography: By a Participant. Identity Politics Reconsidered*, New York: Palgrave Macmillan, 2006, p. 122.
② 孟樊:《后现代的认同政治》，扬智文化事业股份有限公司，2001，第 243 页。
③ 汪越:《身份政治的理论逻辑》，《学术界》2018 年第 3 期。

尊重。她还提出身份仅被承认是远远不够的，为实现差异的平等，还应承认基于差异身份的政治权利，即"群体代表权"。

总体上看，身份的政治是享有相同身份的个人通过身份认同结成某种群体，批判传统的普遍主义政治及普适性的公民身份，反对由此造成的对群体身份的忽视和不承认，要求获得身份的承认和实现差异平等，主张群体代表权和差异性的公民身份。身份政治的这些主张与"差异的政治"的基本诉求是一致的，所以也被一些学者视为"差异的政治"的一条理论进路。通过对杨和泰勒的"差异的政治"思想的对比分析可以得知，身份的政治基于身份主张政治权利，而身份本身所包含的多元性和不确定性，对于其能否作为权利的主体仍然存在值得商榷之处。但是，身份政治对传统政治的普遍主义同一性逻辑的批判，无论是同"承认的政治""差异的政治"还是多元文化主义都是一致的。

第二节　多元文化主义与文化哲学

在多元文化主义理论发展过程中，有若干文化哲学概念因问题域与其有所重叠，往往被误认为与"多元文化主义"具有完全相同的含义，这些概念包括文化多元主义、文化相对主义、价值多元主义等。多元文化主义的理论研究需要厘清这些文化哲学概念的具体内容，以及与它们的区别和联系，从而尽力避免在讨论中出现概念的误用。

一　文化多元主义

"文化多元主义"（cultural pluralism）作为多元文化主义出现的最初形式，与后者的主要区别在于诉求不同。作为一种描述性概念，它的直接要求是美国社会的欧洲白人集团内部各种文化之间的平等；多元文化主义既是一个描述性概念，又是一种意识形态和政治理论，它主张对美国社会的传统主流文化提出全方位审视和重新界定，要求承认和尊重美国社会不同种类的族裔文化，并试图动摇同化主义政治的基础，主张在政治和经济方面实现实质的平等。

文化多元主义最早出现在人类学研究中，并逐渐扩散到政治哲学和社会学等其他学科的研究中。这一概念最初针对"熔炉论"思想而提出。"熔炉论"的主要内容是，人的成长和发展受到自然环境和社会环境的双重影响，因此，在美国特有的地理自然环境和社会条件下，来自世界各国的移民将被"熔于一体"，并被打造成具有同样品质和共同理想的公民。赞格威尔把美国称为能使"所有的欧洲民族融化和再生的伟大熔炉"，使"熔炉论"思想进一步得到普及。进而言之，"熔炉论"思想的现实基础是"盎格鲁-撒克逊"美国人的传统和历史，思想的核心是追求美国民族传统的一致性。

在"熔炉论"思想的号召下，社会主流群体要求移民完全、彻底地忘却与出生国之间的一切文化关联，并强迫他们对美国社会的主流文化采取无条件接受的态度。霍勒斯·卡伦对这种具有独裁性质的同化主义进行了强烈批判，在《民主与熔炉》一文中指出，个体能够决定和选择自己的着装、政治观念甚至宗教信仰，但无力选择自己的文化背景和文化成员身份。因此，迫使他人切断与自己文化的关联是一种"文化帝国主义"。卡伦提出，美国精神不允许某一个民族占据绝对的统治地位，而是促使"所有民族间的民主"的达成。在1924年出版的《文化与美国的民主》一书的序言中，卡伦第一次使用"文化多元主义"这一术语，认为它对治疗美国社会的"种族主义疾病"大有助益，并指出它承认族群文化的多样性，主张各族群间的平等。

美国文学家伦道夫·伯恩（Randolph Byrne）提出，文化多元主义是一种比熔炉更高的理想，[①] 通过促进不同的民族群体彼此接纳，可以减轻或消灭民族间的压迫，使美国成为更为和谐、更具活力的国家。自此之后，20世纪60年代建立的"文化多元主义全国协会"对"文化多元主义"进行了明确的阐释——指这样一种状态，在存在信仰、行为、肤色以及语言等方面的差异的一个民族（国家）框架内，不同文化背景的人们在彼此支持的关系上平等共存。文化多元主义通过统一各种多样性，促使个体既坚持自我认同，又要给予他人同样的尊重和权利。

根据卡伦等早期文化多样性研究者的观点得知，文化多元主义的基本主张是，文化生成于特定的自然和社会条件，由社会的价值观念和生活方式等方面共同构成。各种文化之间无法进行比较，因而也不具优劣之分。文化多元主义的内容主要包括四个方面：首先，民族多样性构成美国社会

---

① Glenn C. Altschuler, *Race, Ethnicity and Class in American Social Thought*, Harlan Davidson, 1982, p. 74.

生活的事实；其次，文化多样性符合美国传统的民主思想，每个民族集团有权利选择自己的生活方式；再次，文化多样性有利于社会竞争，它鼓励个性差异和民主，从而增加文化的丰富性；最后，不同民族群体应互相承认、尊重，共同履行对国家生活的义务和责任。① 文化相对主义承认每一种文化都拥有各自不同的价值体系，不存在某一种一切社会都承认的、绝对的价值标准，因此不能以某一文化群体的价值尺度来评价其他文化；它同时强调，应当尊重不同文化的固有差别和多元生活方式的价值，对于其他文化谨慎地给予评价。

尽管这一时期的"文化多元主义"对"熔炉论"中包含的同化主义进行了有力反驳，为维护文化的多样性发挥了一定的正面作用，但仍存在明显的局限性。首先，卡伦的"文化多元主义"思想不包括保护有色人种的文化，其讨论范围主要针对白人群体，即其他族裔的白人要求改变盎格鲁文化的主导地位。然而，卡伦提出文化多元主义的时期，正逢黑人、印第安人、亚洲移民在美国社会遭受不公正对待，但是，他忽视了这种深嵌于政治和法律制度中对有色人种的歧视和排斥，没有或很少涉及这些有色人种在文化和利益上遭受的不平等。其次，它忽略了经济、政治和教育体制对文化一元化的巨大作用，因此也低估了东南欧洲移民后代"融入"主流文化的能力和速度。② 最后，针对同化主义思想所进行的哲学分析，缺乏更为丰富的研究资料，其论证思路也过于单一和有限，从而无法使文化多元主义的社会意义和理论价值得到完全显现，产生的实际影响十分有限。

金里卡认为，"多元文化的"这个术语，包括了许多不同的文化多元主义形式，而每种形式都带来了对自己的各种挑战。③ 由此可见，在金里卡看来，文化多元主义是多元文化主义的表现形式之一。事实上，文化多元主义也是多元文化主义出现的最初形式，因此它必然与多元文化主义具有多种历史和思想上的联系，也必然包含后者的部分内容。例如，两者都强调美国社会文化的多样性，主张对不同文化和传统采取尊重和包容态度，都对主流文化传统造成了挑战。

---

① 高鉴国：《试论美国民族多样性和文化多元主义》，《世界历史》1994 年第 4 期。
② 王希：《多元文化主义的起源、实践与局限性》，《美国研究》2000 年第 2 期。
③ 〔加〕威尔·金里卡：《多元文化的公民身份》，马莉、张昌耀译，第 13 页。

然而，这二者历史背景、具体内容的不同，使它们在内涵和目标等方面也存在重要区别，因此不能简单地将二者等同。首先，在背景上，文化多元主义是作为对"美国化运动"的一种抵制而出场的，在时间上先于多元文化主义并作为它的最初形式而出现。其次，在诉求方面，文化多元主义的直接要求是美国社会的欧洲白人集团内部各种文化之间的平等，多元文化主义主张对美国社会的传统主流文化提出全方位审视和重新界定，不仅要求承认和尊重美国社会不同种类的族裔文化，还试图动摇同化主义政治的基础，主张在现实的政治和经济生活中实现平等原则。再次，在对文化的理解方面，如同第一章第二节已论证的那样，多元文化主义这一概念中所包含的"文化"内涵早已超越了对文化的狭义理解，它包含明显和直接的政治诉求，而文化多元主义概念中的文化意涵仍偏向精神性文化。最后，在影响力和作用范围上，多元文化主义并不局限于美国社会，它是对全球化背景下的文化多样性社会建构的尝试，由于多元文化主义比文化多元主义具有更为广泛和深刻的诉求，因此，它在美国社会引起的反弹和影响更为强烈和深刻。

通过分析文化多元主义的产生过程和内涵，以及将其与多元文化主义进行对比得知，二者的确具有相似之处，也具有明显的差异。但是，就学界的研究现状而言，一些学者在使用时仍未将二者区分开来，有时尽管使用的是"文化多元主义"这个概念，但真正指涉的是"多元文化主义"，这就为本来就语义内涵不甚明确的后者蒙上一层更为朦胧的面纱，使得这一概念显得更为复杂。究其原因，首先，二者作为两种理论思潮，在历史背景和内涵上的确具有极大关联，而"文化多元主义"概念在"多元文化主义"概念之前出现，前者先入为主，从而使得一些学者沿用了这一概念。其次，由于这两个概念的中文表述并不像其英文表述一样区分明显，二者由同样的汉语语词构成，只是在语词排序上发生了细微变化，容易使人误解为含义相同的概念。最后，一些学者对这两个概念之间的区别并未进行深入了解和研究，并未明确二者的内涵和主要诉求，从而在使用中混淆了这两个概念的含义。

二 文化相对主义

对于多元文化主义与文化相对主义（cultural relativism）的关系，学术界存在一些误解,有学者认为,多元文化主义不过是文化相对主义的翻版,其理论内核与文化相对主义完全一致;也有学者认为,多元文化主义内在蕴含文化相对主义的观念,因而必然会造成文化相对主义的后果。对文化相对主义进行基本分析和研究,有助于澄清对它与多元文化主义的关系及二者理论内涵的误解。

从理论内容上看,文化相对主义的基本研究对象是不同文化之间的关系,建立在对文化普遍主义批判的基础之上。确切意义上的文化普遍主义由以泰勒为代表的文化进化主义提出。这种观点认为,人类社会所有种类的文化都遵从由简单到复杂、由低级到高级不断进化发展的趋势,文化差异是因为不同文化处在不同进化阶段,但文化发展的总趋势是同一的。实际上,这种文化普遍主义的形成是将达尔文的生物进化论引入文化社会研究领域,用"普遍进化"的普遍主义原则阐释人类文化的发展过程,从而将文化进步视为人类社会必经且要继续的必然的、单一的线性过程,并且把生产力和技术等因素作为衡量文化进步的尺度,实际上更为注重物质文明的发展程度而忽略了观念制度、价值取向等文化要素的重要性。文化相对主义反对这种主张,强调各类文化的特殊性、差异性,认为它们在价值上是平等的、不可比较的。

通常认为,人类学家爱德华·韦斯特马克(Edward A. Westermarck)在《道德观念的起源与发展》一书中,首次提出了"文化相对主义"一词。文化相对主义学派是文化相对主义思潮学科化、专业化的产物,在20世纪初由美国文化人类学家弗朗兹·博厄斯(Franz Boas)开创,并于20世纪前半期在美国文化人类学中居于主导地位。文化相对主义的主要内容是,各个种族或民族在智力上并不存在本质差别,各种族或民族的文化没有进步与落后、好坏与高低之分,任何一种文化,都有其存在的独立价值和尊严。因而,不同民族文化之间没有普遍的、绝对的衡量标准,一切评价标准都是相对的。[①] 这也是博厄斯文化相对主义思想的核心。

"文化相对性"这一概念由博厄斯的学生露丝·本尼迪克特(Ruth Benedict)提出,认为各种不同文化都有其特殊的内在目的和结构,因此,文化的多样性是不可回避的事实,各种价值标准的意义需要放置于特定的

---

① 〔美〕弗朗兹·博厄斯:《人类学与现代生活》,刘莎等译,华夏出版社,1999,第131页。

文化参照系中进行判断。文化相对主义理论正式形成的标志是美国人类学家赫斯科维茨（M. J. Herskovits）发表于1949年的《人类及其创造》，在这部著作中，他对文化相对主义进行了系统论述。首先，他认为任何文化都是一定时空条件下的产物，各种文化生长于不同的境遇之中，形成了区别于其他文化的特殊性，因而脱离具体时空条件和历史背景的文化不具备意义。在文化变迁的过程中，文化发展的延续性被扰乱，因此文化发展不存在规律性。其次，人类文化并非以单线性的形式发展变化，而是呈现出多线性的演化和发展过程。因此，要对某一种文化的特质进行解释和分析，必须参考它在自己的文化结构中所处的地位，以及它与自己文化的价值系统之间的关系。最后，每一种文化都是独立生成并无法重复的，文化具有价值，但文化的进步与落后是相对的。一种文化的过去、现在或将来在价值上是平等的，因而不能用某一特定的价值标准作为绝对的、普遍性的尺度去衡量和评价其他文化。赫斯科维茨的理论较有代表性地反映了文化相对主义成熟时期的观点，引发了有关文化相对主义的争论。

　　文化相对主义理论具有其合理性的一面，它承认文化的特殊性和多样性，认为每一种文化都具有独特的价值，并据此批判了文化普遍主义理论对文化的普遍化和同一性理解，对欧洲文化中心主义和"文化帝国主义"进行了理论和逻辑上的匡正。但是，它本身所蕴含的局限性也十分明显。首先，文化相对主义把文化的相对性绝对化，把相对性本身变成了纯粹绝对性的东西。它关注文化多样性的合理性，但忽视了文化内部可能存在的不合理性，其极端化的表现就是以维护文化的民族性和纯粹性为借口抵制外来文化，沦为缺少在"他者"文化的反观中审视自身的狭隘的文化民族主义。① 其次，文化相对主义刻意回避对文化的目的和作用的讨论，暗含了一种非决定论的历史观。它过于关注民族文化的差异性和相对性，突出了文化间的不可通约性，这就隐含地将历史视为个别现象之间的联系，否认人类的历史发展具有内在规律的可能，实质上是和机械决定论的线性一元历史观殊途同归。最后，文化相对主义借助封闭和静止的分析框架，无视文化生成的实践基础，认为不同的文化是彼此孤立的文化实体，从而否定了不同文化间彼此联结的可能性，使文化成为纯粹主观之物。

---

① 童萍：《全球化时代的文化相对主义审视》，《理论探讨》2011年第1期。

分析文化相对主义的产生、内涵和意义，可知文化相对主义与多元文化主义之间尽管存在关联，但这种关联极为微弱，并非本质性和必然性的联系。文化相对主义和多元文化主义都拒斥和批判"文化帝国主义"，反对用普遍主义原则解释文化，都强调文化所具有的特殊性和差异性，认为各种文化都具有独特的平等价值。但是，二者的相似性也仅仅止步于此，文化相对主义所主张的其他内容，在多元文化主义中均未得到体现，除此之外，二者还存在其他更为明显的差异。

首先，文化相对主义或是刻意回避对文化的目的和作用的讨论，或是对文化的目的并不关注，它的重点在于确认文化之间的价值是平等的、不可比较的。尽管这有助于保证对文化多样性的承认与尊重，但出于对文化的价值平等和不可比较的坚持，它否定了文化间产生交流和融合的可能，这在一定程度上可能会加剧文化多样性在实践中引发的矛盾和冲突。如果相对主义是对的，就不可能有什么多元文化主义。① 多元文化主义包含了对文化多样性的内涵、性质和文化与个体的关系的分析，它超越了文化相对主义对于文化的实体性理解，而是关注文化作为背景对人的意义和影响，将文化理解为与人相互联结和作用的变化过程。它超越了文化相对主义聚焦于维护文化多样性的事实，强调文化多样性对人类整体和个体自由的价值。

其次，文化相对主义之所以遭到批判，是由于它将文化价值的主观性和相对性绝对地放大，认为所有文化只在特殊背景和环境下才具有效力，这样就从根本上撼动了对文化进行评判的合理性根基，走向了虚无主义。多元文化主义强调任何美好生活都不能拒绝基本的善，关注享有不同文化背景的个体生活于同一社会中的福祉。因此，多元文化主义并非文化相对主义的同义语，它并非如文化相对主义那样仅限于对文化领域的关注，而是要求对政治权利的重新界定和分配，一些多元文化主义流派甚至要求对社会经济结构进行调整。

最后，面对如何解决文化多样性所导致的矛盾和冲突，文化相对主义与多元文化主义在态度和能力上存在重大区别。社会中不同的文化具有不同的道德标准，从而在社会正义问题上可能做出相互冲突的判断。文化相

---

① Henry Louis Gates, *Beyond the Culture Wars: Identities in Dialog*, MLA Profession, 1993, p.11.

对主义无法对这一问题做出解答,因为在它的视角下,社会正义问题所依据的标准基于每一特殊性的文化对正义的理解,而单一文化中对善的多元化理解使问题具有一定的不确定性。在任何一个既定时间内,在任何一种既定文化中,必须能够为每一种"善"设置一种相对的意义,文化相对主义需要重新处理这些多重又相互竞争的意义,面对这一问题,文化相对主义者可能就会以主导性理解为准则来决定对正义的判断。每一文化中的人种、阶级、种族和性别都会对主导性理解产生影响,如果将主导性理解作为准则,那么就存在把主导性群体的社会理解作为正义标准的危险,从而否定正义相对于主导性理解的优先地位。这与文化相对主义认为各种文化都具有平等价值的原则相违背,从而无法解决文化多样性在社会正义层面的矛盾和冲突。更有甚者,文化相对主义认为,对善和正义的理解随着文化的不同而变化,从而可能从根本上否定文化间存在的道德冲突,也就更不可能对此提出解决方案。

多元文化主义的一个主要任务,就是解决不同文化群体提出的看似冲突的社会正义标准,因此它不可能否认冲突的存在;它也为这一问题的解决提供了多种路径,例如通过协商集会使观点相互冲突的人们交换意见,尊重争议和相互妥协,从而在不可调和的立场之间寻求一种暂时性的解决办法,通过一系列具体的正义原则和程序性原则来保证协商。它否认文化多样性导致的道德冲突可以一劳永逸地得到解决,而将其视为始终处于发展变化中的问题。由此可见,多元文化主义并不必然导致文化相对主义的结果,它对于后者不能解决的问题予以重视并提出了解决办法。总而言之,多元文化主义只与文化相对主义存在十分有限的交集,将后者视为前者的必然结果的观点,是由对这二者的内涵和关系不甚了解或误解所致。

三 价值多元主义

多元文化主义中的"文化"既涉及共同的制度和实践,也涉及共享的记忆或价值,在现实生活中,价值问题总是伴随着人类的文化实践,体现人这一价值主体对客观对象的认识和判断,是主客体之间价值关系的反映。同时,价值观念也是人的社会化的核心内容,[①]人在社会中学习和适应所在

---

① 袁贵仁:《关于价值与文化问题》,《河北学刊》2005年第1期。

群体和社会的价值观念与活动方式，在这一过程中把社会的价值观念和活动方式内化于人的思维和行动之中，这一过程实质上也是不断接受社会文化的过程。个体的成长和发展受到其所处的社会文化的影响和引导，人的活动既是其价值观的外在表现，也是其社会文化的直接体现。

根据前文对多元文化主义概念的梳理得知，多元文化主义不只是一种政治思潮，它同时还作为一种规范性理论出现。规范性理论内在地包含价值观念，因此，多元文化与价值多元存在内在的必然性关联。文化为个体发展及其选择提供了一定价值观念基础，社会的价值观念包含于社会文化之中，同时对社会文化也起着导向作用。作为文化的核心，价值观是人们对理想、信念、取向、态度所普遍持有的见解，这种共同的价值观也是社会群体及个体成员间复杂社会交往的中介，为交往提供可供接受的共同标准。

文化的不同集中体现为价值观念上的不同。每一个社会群体，都有属于自己的文化，都有群体成员共同拥有和信奉的价值观；任何一个社会个体，都是文化的产物，都有自己接受和遵循的社会群体的价值观。[①] 文化的多样性同时表现为价值观念的多样性，即价值多元是多元文化的一种集中体现。通过对文化和价值观念的考察和分析可知，文化与价值之间也存在本质性、必然性的关联，文化所蕴含的不同价值观念彼此之间因交会和分歧而产生各种认同、融合、对抗、冲突。因此，探讨多元文化主义必然内在地要求对价值多元进行分析。

价值多元论是一个现代性概念，以赛亚·伯林（Isaiah Berlin）在《两种自由概念》中提出一元论和多元论的划分，使得价值多元论成为政治哲学关注的重要问题，并迅速成为当代政治哲学的流行思潮之一。价值多元主义既具有事实形态，也具有理论形态，它不仅是基于客观世界和人类社会的价值多元事实的描述性概念，更是多元外部事实的理论形态表现和规范性表达。价值多元主义并非由伯林首次提出，它的产生和出现具有其事实和理论上的背景和原因。近代"神圣秩序"崩溃之后，同一的价值世界出现了多元分化，在现代性背景下，社会生活的多元化已深入价值生活的各个领域，经济发展和技术进步促使并加速了各种不同的文化和传统之间

---

① 袁贵仁：《关于价值与文化问题》，《河北学刊》2005年第1期。

的差别日益扩大和深化。这在导致道德生活多样化的同时，也使人类不可避免地陷入道德冲突的困境之中。价值多元主义正是筑基于这种道德生活多元样态的事实之上，它对世界性价值体系多元差异采取承认的态度，认为道德生活的多样化体现于多元价值之中，种种不同价值与其他价值均不可通约，并且在有些情况下存在矛盾和冲突。

价值多元主义也发轫于对价值一元论的批判。在西方思想传统中，从古希腊开始到近现代时期，主流哲学都始终遵循一元论的思维传统。近代社会以来，人类始终沉迷于对普遍理性的孜孜追求，人作为高贵的理性存在物，完全能够通过理性推导出社会运行所要遵循的价值观念，任何与人和自然相关的问题，都只存在一个唯一的、终极的答案。伯林用"爱奥尼亚谬误"（Ionian Fallacy）来指称这一思维，它的实质是对多元、不确定性和不和谐的畏惧，继而坚持不懈地寻求一元论、同一性和确定性。这就是伯林所说的"形而上学的一元论"。

美国自由主义学者威廉·盖尔斯敦（William Galston）指出，价值一元论的基本主张是，价值理论可以为各种善归纳出一个共同的衡量标准，或者为各种"善"制定出完备的等级或秩序，各种价值可以彼此相容或互相蕴含。尽管我们的日常经验是不同道德考量之间存在经常性的冲突，但只要我们达到对道德的一元结构的一种充分理解，这种冲突就能够一劳永逸地得到解决。一元论将某一种特殊价值作为最高价值，预设了它是人类所要共同追求的理想生活所不可或缺的价值：它具有绝对的优先性，即优先于与其冲突的任何价值；它具有普遍性，其绝对的优先地位适用于任何背景和冲突情境；它具有永恒不变性，其优先性不会因时间和环境的变化而有所动摇。价值一元论否认存在彼此不可相容的善，相反地，它认为人类社会只存在一种最终的善和实现这种善的整体，价值冲突是人类在道德、知识或理性方面该责备的或情有可原的失败。①

价值多元论正是通过对上述一元论的驳斥而建立起来。价值一元论实质上缺乏合理性，正如伯林所指出的，如果人的目的是多样的，且从原则上并不完全相容，那么无论在个人生活还是社会生活中，冲突与悲剧的可

---

① 〔美〕约翰·凯克斯：《反对自由主义》，应奇译，江苏人民出版社，2003，第210页。

能性便不可能被完全消除。① 这种错误的价值一元的信念在政治和道德实践中往往导致不可避免的灾难性影响，例如 20 世纪极权主义造成的悲剧后果。故而伯林提出，应当抗拒价值一元论的诱惑，与此同时，应当对现代社会道德生活多元样态的事实予以宽容。不同文化的价值观之间并不存在优劣高低之分，它们差异并存、不可通约甚至彼此冲突。这就是伯林所提出的价值多元主义思想。伯林指出，在各种不同的价值中，其中一些和其他价值无法相容；不同时代、社会和社会中的不同群体及个体，可能持有互不相容甚至彼此冲突的主张，而这些主张又都是终极的或客观的。

价值多元主义一般被认为主要包含不可通约性和不可相容性两个属性。一方面，价值具有不可通约性（incommensurability）。"通约"是一个科学化、理论化的抽象概念，被近代社会科学家用来指代不同理论之间的还原关系。人类社会不存在某种单一的价值判断标准，人类所追求的各种价值中，没有哪一种具有绝对的优先性，这些价值之间彼此存在异质性。

英国学者乔治·克劳德（George Crowder）称这种不可通约性为"不可公度性"，认为它主要具有三种方式：首先是不可比性；其次是不可衡量性；最后是不可排序性或者至少是难以排序性。② 这些价值因为性质完全不同而不存在可比较的条件。不可衡量是指，不能选取某一种价值或者划定某一媒介或标准来对不同价值加以公度，"没有哪一种价值优先于其他。如果最终只有一种内在的价值，比如说快乐，所有的价值都能够根据它加以衡量或公度，那么事情实际上就会非常简单。因此理性选择本身就要关心把'可公度者最大化'，即公度的价值或善"。③ 认为价值之间可以进行衡量的看法，实际上并没有把握和理解种种价值的独特性和多元性。价值的不可排序质疑人们可以基于正当理由抽象地对价值进行排序，并蕴含不存在某种单一价值可使所有不同价值能够根据它加以排列。价值的不可比较和不可衡量性已经说明，不存在某种特殊的标准和尺度能够对彼此不同的价值加以判断，价值多元主义否认价值可以通过量化的方法或某种固定的质

---

① 〔英〕以赛亚·伯林：《自由论》，胡传胜译，译林出版社，2003，第 242 页。
② 〔英〕约翰·格雷：《自由主义的两张面孔》，顾爱彬、李瑞华译，江苏人民出版社，2005，第 8 页。
③ H. S. Richardson, *Practical Reasoning about Final Ends*, Cambridge: Cambridge University Press, 1997, p.15.

来进行评价，因此，也就不存在价值之间排序的标准和参照物。克劳德认为，不可比性的理解太强，它过分严格地强调了价值的不同，如果价值是完全不可比的，那么就不存在对冲突的价值做出选择和决定的任何合理性基础；而不可衡量性的理解又太弱，仍然存在不通过基数的量化排列，而通过序数排列将某些价值放置于其他价值之前的可能性。不可排序性则是不可通约或不可公度性的核心，正是处于不可比较和不可衡量的两个极端之间。牛津大学教授约瑟夫·拉兹（Joseph Raz）在《自由的道德》一书中明确提出，价值不可通约的标志是价值传递性的失效，即在两种价值选择中，任何一种都不会比另一种更好，同时存在的第三种选择比前两种选择中的一种更好，但不会比另一种更好。①

另一方面，价值具有不可相容性。彼此冲突的价值和文化不能被统一或还原为同质的，我们日常的和活生生的经验也几乎是在每个人生活的每个阶段的相反道德要求之间的一种冲突②。价值的多元以及同一价值的构成要素的多元不可避免地造成了各种各样的冲突，这些冲突或是形式上的，或是根本性的，而在这些彼此冲突的价值或其要素之中，无法以某一价值或要素作为解决冲突的标准，这是由多元价值的异质性决定的。不同的个体或群体处于不同的传统和文化背景中，依据文化的不同对价值进行着不同的排序和推崇，不存在某种特殊价值能够被多样性的文化所共同接受或推行，因而在多元文化的社会中，彼此冲突的价值不能得到统一，人就是不停地在各种终极价值中进行选择。根据以上原因，价值多元主义坚称价值之间彼此不相容，从而价值冲突不可避免。

克劳德对价值多元主义的理解同伯林具有高度相似性，他分析了价值多元主义的四种构成要素，并通过将它同其他易混淆的观念进行对比，对价值多元主义的主要主张加以详细的阐释和论证。他提出，价值多元主义具有四个主要构成要素，即普遍性、多元性、不可公度性和冲突性。可以看出，后两者分别与伯林的价值多元主义中的不可通约性和不可相容性相对应，普遍性、多元性也蕴含于伯林的价值多元思想之中。价值的普遍性是指有些价值是普遍的和客观的，这些价值在任何时候和所有文化背景中，

---

① 〔英〕约瑟夫·拉兹：《自由的道德》，孙晓春、曹海军译，吉林人民出版社，2006，第331页。
② S. Hampshire, *Morality and Conflict*, MA: Harvard University Press, 1983, p.151.

对所有人都是有价值的。这种普遍性所认可的价值是具有高度一般性的人类价值，并且它们在不同的历史和文化语境中，通过不同的方式被解释和应用。正是这些价值构成了良善的人类活动观念，而拥有实现这些价值的能力则代表真正人性的生活和值得去过的生活。① 价值的多元性则是指，对人类的繁荣来说，有价值的事物是多种多样的，无论是实质性的价值，还是价值的类型都具有多元性。例如，托马斯·内格尔更为系统地把价值分成五个基本类型，即特殊的职责、普遍的权利、功利、至善论的目的或价值，以及对自己的谋划的笃信；凯克斯把价值区分为自然出现的和人为导致的，道德的和非道德的，主要的和次要的，主要的价值又分为"自我之善""亲密之善""社会秩序之善"。通过这些多元的价值类型可以看出，价值的多元性是内在不同的价值或目的的多元性，每一种价值都具有独特的内容。

盖尔斯敦也对价值多元主义做出了明确界定。他指出，一个理论，如果它把"善"归结为某一价值规范，或是对各种善进行了完备的分层和排序，那么它就不是多元主义理论。如果一种道德理论没有满足以上两个条件，它就是多元主义的。在此基础之上，盖尔斯敦详细阐述了价值多元主义的基本主张。首先，价值多元主义是作为对规范体系的实际结构的真理性描述，而不仅仅是承认价值的多样性。其次，价值多元主义承认一些基本善的存在，这些基本善为界定个人生活和社会基本道德规范提供了理性基础，这与相对主义有着本质不同。最后，在基本价值之外还存在大量其他价值，它们性质各不相同，因而无法按照等级排序，不存在任何所有个体都认可的、合理优先的特殊价值，也不存在任何情境和条件下都高于其他价值的特殊价值。根据对比盖尔斯敦和克劳德对价值多元主义基本观点的阐述得知，二者对价值多元主义的理解具有极高的相似性，即承认最基本的人类价值的存在，各种有价值的、值得一过的生活都建立于这些基础性和普遍性的价值之上，但不存在任何一种特殊价值可以优先于其他之上。

总体上看，价值多元主义者普遍认为，价值本身具有多元性，这种多元性既是事实上的也是理论上的；价值具有不可通约性，每个价值都与其

---

① 〔英〕乔治·克劳德：《自由主义与价值多元论》，应奇等译，江苏人民出版社，2006，第53页。

他价值同等重要；价值具有不可相容性，价值之间总是存在冲突，因此，人总是要在冲突的价值之中做出选择。价值的不可通约性和不可相容性构成了价值多元主义的核心，然而，对于价值是否具有普遍性，是否存在某些基础性的、普遍性的价值，价值多元主义者并未达成共识，这也是价值多元主义理论内部争论的焦点之一。

价值多元主义向人们揭示了多元价值共存的现实和理论基础，但这一思想也内在地蕴含不连贯性，遭受着众多学者的质疑。

首先，价值多元主义的不可通约性特征拒绝为价值排序，认为各种价值之间不存在等级次序。然而，价值多元在现代社会已经成为不可否认的基本事实，个人之间、各种群体之间仍然存在大量的价值冲突。然而，值得警惕的是，这些价值是否如价值的不可相容性所呈现出的完全不可通约；如果答案是肯定的，那么沟通和对话的所有基础将无法存在。在这个意义上，价值多元论已经走向了自己的反面，它把自己视为价值世界普遍的、唯一的真理，这与它自身的多元基础是矛盾的。

其次，价值多元主义如果坚持价值的不可通约性，就必须承认自己的价值相对主义立场，这可能导向价值虚无主义。它一旦确认价值的不可通约性，就无法为要求理性共识寻得合理性基础。克劳德和盖尔斯敦所坚持的价值的普遍性体现了价值多元主义理论的悖谬之处：既然各种价值是彼此不可比较和同等重要的，那么所有人类生活观念都建立于其上的那些最基本的人类价值就缺乏存在的基础，把价值区分为普遍性价值和特殊价值的分类方式已经潜在地承认可以对价值按层次进行划分，这明显同价值不可比较和不可排序相矛盾，对价值进行区别和划分的依据也未得到澄清。把一种特殊价值以价值中立之名偷换为一种最高价值或者普遍价值，这是价值多元主义强烈反对的。如果价值之间存在如不可通约性所揭示的普遍的冲突性，人们就无法获知关于价值的知识，价值的意义也就走向了虚无。施特劳斯认为，在这种条件下，只有无限的宽容才能与理性相一致，因为每一种取舍，无论如何邪恶、卑下或无辜，都会在理性的祭坛上被判决为与任何别的取舍一样合理。善与恶具有同等的价值，这一观点因为有违人们的道德直觉和常识而无可避免地走向了价值虚无主义。

最后，为使相互冲突的价值在一定制度框架内并存，英国自由主义哲学家约翰·格雷（John Gray）提出一种建立于不同生活方式之间的、共同利益基础之上的"权宜之计"。然而，它因带有规划属性而具有普适性，从而将不可避免地指向"普遍价值"。价值的不可通约性彻底决定了它无法承认普遍价值，因而这种求助于普遍价值的权宜之计无法与价值多元主义合理共存。

对于价值多元主义所蕴含的"不可通约"和"不可相容"两个特征，有一种观点认为，不可通约性与不可相容性是完全不同的两种属性，前者比后者要求更多的论证，例如，它需要证实"价值必然是彼此冲突的"。已有的对这两个属性的论证大多围绕克劳德提出的两个解释而展开：一是价值冲突是由于选择条件的限制而发生；二是不同的价值概念，如平等、自由等在内涵上是彼此冲突的。然而，克劳德的两个解释却存在明显的漏洞，无法对价值的不可通约性和不可相容性提供彻底的证明。对于第一个问题，它恰恰验证了是进行价值选择的条件存在问题，价值概念本身不一定彼此冲突；当产生冲突的环境或条件被改变，冲突本身极有可能得到化解，因此，从理论的彻底性上来看，这一论点显然是不成立的。第二个问题则揭示了对价值概念的内涵缺乏有效考察，甚少有人从价值的内在层面论证它们之间的矛盾。相反地，很多学者对价值相容性进行了有效论证。例如，德沃金明确提出，作为两种基本的政治美德，自由和平等之间不可能发生冲突，因为如果不设想自由的存在，根本就无法定义平等。[①] 总体而言，由于对"价值本性内在地存在冲突"也缺乏充足的论证，这一论点无法得到有效证明。

价值多元主义因其理论的内在不连贯性而面临种种困境，这些困境不能在其理论内部得到解答，但并非无解。首先，价值的不可相容性导致人们需要进行价值选择，但正如克劳德所分析的那样，选择的困境常常不是一个理论难题，而是一个实践难题、经验难题，许多价值冲突尚未达到道德深层，冲突可能仅仅是由资源的有限性造成。其次，人类的价值世界是历史生成的，具有流动性和开放性，这些价值构成了人的自我认同和社会认同。各种价值都不能脱离具体的历史背景和语境而被认识和应用，它们随着社会历史条件的变化而持续改变和更新。这表明，价值冲突和分歧是

---

① 〔美〕罗纳德·德沃金：《至上的美德：平等的理论与实践》，冯克利译，江苏人民出版社，2007，第186页。

社会价值建构过程的应有之义，价值共识正是形成于不断进行和变化着的理解过程。价值的多元性和差异性是毋庸置疑的，但鉴于现在比以往对价值的多元差异有了更多的理解和尊重，价值的绝对不可通约性是难以成立的。最后，价值冲突常常表现为各种具体实践，是发生在特定历史背景和语境下，针对特定的问题而产生的分歧，而并非抽象的价值观念之间的矛盾。个人或者群体在自身价值的实现上有所差别，使得价值的实践形态体现出丰富性和多样性的特征，也使得价值的多元在理论形态和实践形态上有所区别。虽然不可公度的价值之间在抽象层面彼此无法相容，但在实践中却有相互和解的可能。因此，在冲突的价值中做出选择，并非仅仅是对抽象价值观念本身的选择，这种选择同时也受到实现方式和程度以及优先性程度的制约，价值选择才可能从非此即彼的固态的、静止的类别选择，转变为一种对价值实践形态的竞争性阐释选择。也正是基于价值选择的实践特性，人才不是被抽象价值观念所支配的无灵魂实体，而是在实践中进行价值选择的能动的、活生生的人。

价值多元主义与多元文化主义之间存在多重关联，这些关联在程度、形式、性质方面有所不同，这反映二者间联系的多角度和全面性，也反映了二者关联的必然性。

一方面，价值多元是多元文化主义主要诉求的原因和落脚点。解决不同文化间的冲突，很大程度上是解决不同文化所蕴含的价值冲突。应该得到澄清的是，文化差异和文化冲突并非全部是价值层面的分歧。按照对文化概念的分析得知，广义的文化包括器物性文化、制度性文化与精神性文化，因此，文化间的差异和冲突既存在于器物性文化方面，也存在于制度性文化和精神性文化中，而价值则从属于制度性和精神性的文化。器物性文化的差异通常表现为饮食、音乐、习惯、风俗等文化产品方面的不同，虽然文化的这种多样性是显而易见且具有自在的合理性，但如果仅仅将器物性文化的多样和差异作为一种自然存在的既定现实而接受下来，那是对文化概念的误解。器物性文化是自然物的人化，是人改造自然物的形态和属性，但是它并非孤立存在、与精神性文化毫无关联，精神性文化是在器物性文化构建过程中内化并在此基础上形成的一种观念的"为我"关系，因此，器物性文化也在一定程度上映照着构建于其上的精神性文化。精神性文化的多样性比器物性文化更为复杂，在现实中往往表现为宗教、民族、种族等方面的差异,而这些差异转化为冲突的原因,往往是基于信仰和价值的冲突。从这个意义上看,价值多元内在于文化多元之中,是多元文化的反映和表现,也是文化多元的要素。

另一方面,价值多元主义面临的困境,与多元文化主义所亟待回答和解决的问题之间也存在相似性。价值多元主义拒绝对各种价值进行排序,认为价值之间不存在固定的等级次序。然而,价值之间的冲突(也许只是形式上的)并非绝对不存在,个人、社会和国家都不能避免在种种不能两全的价值之间做出选择的命运。尽管有些学者对价值冲突的合法性有所质疑,认为价值冲突只是一个实践难题而并非理论难题,它存在于实践之中并且只能在实践中得到解决,而这恰恰印证了价值冲突是确实存在的。因此,价值多元主义面临一个最基本也是最棘手的难题,即如果所有的价值是平等的、不可比较的,那么如何在彼此冲突的价值之间进行选择,选择所依据的标准和尺度又是什么。多元文化主义所亟待回答的问题也与此相似。多元文化主义主张,不同的文化是应该得到平等尊重与承认的,差异和多元的文化之间不存在某种普适性的共同尺度,但不同的文化间存在多种层次上的差异甚至是冲突,多元文化主义需要回答如何对待彼此差异乃至冲突的文化。文化差异和冲突往往蕴含价值的差异和冲突,人们对于生活的设想和理想目标,在不同的文化背景中,甚至在同一种社会文化中也存在差异,它们之间会发生冲突;这些设想和目标既是一定价值的体现,也是一定文化的体现。因为并不存在某种确定的尺度对彼此相异甚至冲突的价值做出评判,人们也就无从判定何者为好从而无法进行选择。

价值多元与多元文化也存在明显并且深刻的区别。人们需要在彼此冲突的价值中做出选择,但人无法在冲突的文化中进行抉择。这不是由于价值冲突只存在于实践领域之中,而是因为文化对人的影响是背景性的,人生长于特定的文化背景下,人的价值观念也形成于特定的文化之中,故人在一定程度上是由其所属文化决定的。人们放弃自己的文化转而接受一种新的文化是极其困难与痛苦的,而且人们能够转而接受新文化的能力也是有限的。这些因素都是影响人们愿意归属于一种文化而不是另一种文化的原因。① 价值蕴含于文化之中,但不是文化的全部内容;人要在彼此冲突的

---

① 〔英〕约瑟夫·拉兹:《多元文化主义》,李丽红译,转引自李丽红《多元文化主义》,第9页。

价值中做出选择，也就是在其成长和发展的文化所承认和蕴含的价值观念中做出价值选择，但这不意味着人要对自己所处的文化做出选择。

价值多元主义与多元文化主义的关系交错复杂，既有相互蕴含的部分，也存在明显的区别。从理论根源上看，价值多元主义脱胎于自由主义，特别是伯林的《两种自由概念》对价值多元主义的内涵第一次进行了较为清晰的论述；多元文化主义思想涉及民族主义、社群主义、自由主义等流派的思想及其论争，相较价值多元主义，多元文化主义的理论来源更为丰富。从问题域来看，价值多元主义主要关涉的问题是价值差异和冲突的来源，即价值的不可通约性和不可相容性；多元文化主义所关涉的问题与其有相似之处，它也需要回答文化差异和冲突的来源问题，其答案必定包含价值冲突，而价值冲突则部分源自价值的不可相容性。然而，多元文化主义除了要解答文化差异和冲突的来源，还需分析这些原因的实质并寻找解决的依据。除此之外，因"价值多元主义"与"多元文化主义"两个概念都与"多元主义"相关，二者在概念构成上存在一定相似性，因此容易使人误解二者在内涵上也具有相同程度的相似性。

总体而言，"多元文化主义"从其产生和使用来说，都是一个极其复杂的现代概念。从概念的使用上来说，根据不同的分类方法，多元文化主义思潮的不同派别显示出不同的侧重点和关注点。金里卡根据多元文化主义发展的不同历史阶段区分出三种多元文化主义，其研究集中于哲学领域；恩佐·科伦坡更强调多元文化主义的反本质主义特征和全球化特征；米歇尔·韦维尔卡与马可·马尔蒂尼埃罗根据社会学、哲学和政治学等不同学科的研究方法对多元文化主义进行了划分，韦维尔卡试图通过在自由主义和共同体主义之间引入"主体"概念来进行调和，马尔蒂尼埃罗则侧重表现不同方法主导的多元文化主义在诉求上的差异，并创造性地提出了"市场型多元文化主义"，极大丰富了多元文化主义的内涵。这些不同又复杂的分类方法揭示了多元文化主义这一问题的复杂性。

从语义构成上来看，"多元文化"由"多元性"和"文化"两个概念复合而成，这两个概念都具有相当程度的复杂性，尽管"文化"概念因在众多领域中得到广泛使用而具有较高的自明性程度，但其内涵也并非不证自明的。从问题域角度来看，政治哲学视域下的"承认的政治"、"差异的政治"、"身份的政治"与"多元文化主义"所蕴含的内容和指向的问题是高度相似和部分重叠的。在多元文化主义理论发展过程中，文化哲学视域下的文化多元主义、文化相对主义、价值多元主义分别在产生背景和语词构成上，对文化相对性程度的理解上和诉求上高度一致，通过分析这些概念的产生、使用、内容及其与多元文化主义的关系，多元文化主义的含义和作用进一步得到澄清，也只有在厘清多元文化主义的基本概念和问题域的前提下，才能对其基本主张及面临的理论和现实困境进一步研究和解答。

第三章 多元文化主义价值理念与少数群体权利特征

如前所述,多元文化主义作为一种现代政治思潮而言流派众多,所指涉的问题众多且复杂;作为一种普遍使用的流行概念而言应用广泛,含义不固定且缺乏自明性。无论是作为政治思潮还是学术概念,根据不同的分类方法,多元文化主义的内涵和主张皆表现出不同的侧重点。无论多元文化主义本身的复杂性和含混性程度如何之高,它总是展现出对一些基本问题的关注,并由此生发出某些具有代表性的主张。对多元文化主义的基本问题和主张进行深入探讨和把握,即深入理解多元文化主义的基本内涵,是多元文化主义研究的内在要求和落脚点。

第一节 多元文化主义的价值理念概述

研究一种学说或者思想,需对其价值理念进行探求。价值理念的基本含义为,"在某种世界观的基础上对各种事物、行为及可能做出的选择等进行评价的标准和据此采取的某种行为的态度及倾向,人类社会的各种规范,实际上就是特定的价值观念或价值标准的具体体现"[①]。一种学说的内在价值理念可以视作这一理论思想的构成基础,它既体现了该学说或思想在价值领域的主张,同时也在一定程度上彰显并影响着这一思想在其他领域的主张。因此,对多元文化主义的价值理念进行详尽的分析和研究,是全面了解和深入把握多元文化主义基本主张的应有之义。

多元文化主义的主张涵盖多个领域,在价值理念层面,多元文化主义主张宽容、平等和正义等基本观念,尽管这些价值理念并非多元文化主义

[①] 《中国大百科全书(第四卷)》,中国大百科全书出版社,2004,第2572页。

独有，但多元文化主义赋予了这些基本价值理念以或新或更为丰富的内涵，使这些价值观念体现着多元文化主义的特殊主张。例如，多元文化主义强调不同文化和价值之间的平等、包容和共存，以此为原则和基础，在多元文化已经成为不可逆转的既定事实的前提下，给予每种文化以平等的尊重、宽容和接纳。这种平等和宽容的对象是多元文化社会中的各种群体以及它们依存的文化，而并非普遍主义平等所指向的社会中的个体。再例如，多元文化主义也强调正义原则，但是这一正义原则的内涵与普遍流行的罗尔斯的正义原则不同，它并不仅限于分配意义上的正义，更注重强调各种文化群体地位和权利的公正性。多元文化主义的价值理念虽然沿用了一些自由主义的基本价值概念，① 但为它们注入了更为丰富的内容。因此，对这些更新了含义的价值理念进行分析，可以避免一种误解，即多元文化主义的价值理念（因同自由主义的价值理念具有相同含义）并不具有任何特殊含义，从而能够扩展和加深对多元文化主义价值理念的理解。

一 多元文化主义的宽容理念

宽容（toleration）源自拉丁文 *tolerare*，是一个在各种学术和非学术领域被普遍使用的概念。美国作家房龙（Hendrik Van Loon）提出，宽容是指准许他人有判断和行为的自由，容忍有别于自己或传统的观点，对自己不赞成的行为并不进行阻止、妨碍或干涉的审慎选择。② 这符合元伦理学中的宽容概念。宽容内在地包含主体对于特定对象既反对又认可的态度，即首先要存在相异或相反的态度，因为有所反对才谈得上宽容，否则无法区分宽容与无动于衷的态度；另外，还要存在认可或妥协的态度，这种态度是宽容的前提和基础，若不如此，就不能区分出无所谓和宽容之间的区别。

规范性视域下的宽容蕴含一种张力，即它内在地默认了被宽容者在道德上未得到认可。尽管如此，宽容仍然是一种有意义的价值。英国约克大学教授门德斯（S. Mendus）指出，我们将宽容视为美德……然而，如果宽容基于道德上的不认可，那它就意味着被宽容的对象是错的，或者说是不

---

① 当然，这些所谓自由主义的价值概念也并非自由主义学说独有，但是在通常的理解中，人们往往自在地将平等、宽容等一系列价值概念默认为自由主义道德学说的概念。
② 〔美〕房龙:《宽容》，秦立彦等译，广西师范大学出版社，2004，第 13~14 页。

应存在的。^① 由此可见，宽容在规范性视角下的这种张力传达出宽容理念内部的不连贯性：它既在一定程度上否定着对象，又必然地承认和接受着它所否定的对象。但值得注意的是，宽容作为一种价值理念，并不与无原则和底线的价值相对主义等同。

宽容问题是现代社会无法忽视和逃避的一个现实问题。虽然宽容在现代自由主义背景下已成为一种备受推崇且"政治正确"的价值，但是它在概念上的不连贯性及其理论上的张力也不可避免地折射和体现在现实层面上，对现代背景下的多元社会产生着日益严峻的挑战。在现实生活中，宽容问题的困境常常表现为，社会应采用何种态度来对待来自缺乏宽容的文化背景的移民；在多元文化社会，存在某些对其内部成员采取不宽容态度的少数文化群体，对于这些群体应当采取何种态度和措施，是否应将宽容作为价值原则来促使其进行变革，从而实现对其内部成员的宽容。诸如此类现实问题广泛地存在于当代多元文化社会，尤其是以自由主义为背景的多元文化社会。

除了上述所言，宽容还作为一种心态存在于现实中。16~17世纪的欧洲，宗教纷争使战争频发，从而引发了社会动荡和政治不安定。宽容在这种历史条件下就成为不同宗教和价值观念群体和平共存的重要保证。"人类长年累月地互相残杀，但幸运的是人瘦马乏，不愿恋战，我们把这种心情称为宽容。"^② 沃尔泽对这种作为心态的宽容进行了分析：（1）被动的、随和的以及无恶意的冷淡；（2）道德上的容忍；（3）倾听和学习的心态，即对他人好奇和尊重；（4）拥护差异性的心态，这是一种美学意义和实用意义的拥护，因为文化上的差异性体现了上帝创造或自然界的广泛性和多样性，因此差异性被视为人类繁荣的必要条件，使人类的自主选择富有意义。^③ 沃尔泽认为，这些不同的心态构成了宽容的基本内容，主要可归结为对差异的被动接受和容忍，以及对差异的主动了解、学习和沟通。

从历史传统上追溯，自由主义的宽容由来已久。在西方主流思想中，宗教改革所蕴含的宗教宽容思想被视为古代与现代宽容分野的里程碑，同

---

① S. Mendus, *Toleration and the Limits of Liberalism*, Macmillan, 1989, pp.18-19.
② 〔美〕迈克尔·沃尔泽：《论宽容》，袁建华译，上海人民出版社，2000，第1页。
③ 〔美〕迈克尔·沃尔泽：《论宽容》，袁建华译，第10~11页。

时也是自由主义的精神来源之一。古代宽容主要是指宗教宽容，一般分为两种。一类宗教宽容将信仰不同宗教的人们彼此和谐地生活于同一社会当作自己的最高目标，即消除教派冲突和维持社会秩序的"权宜之计"。另一类则认为宽容建立在良心自由之上，后者是宽容的道义基础。在西方文化传统背景下，良心自由与基督教密不可分，人类只需要基于良心来维持信仰，无须遵从信仰之外的其他理由。因此，早期基督徒以良心自由为武器，反对罗马政府的不宽容政策，为基督教争取合法地位；在此之后，斯宾诺莎、弥尔顿和洛克等思想家则以理性有限论为武器为宽容进行辩护。洛克认为，政治社会和国家作为公共权力机构，其建立的目的是保障个人的财产权和增加公民利益，但使人们获得真正的信仰不能依托公共权力，而是应诉诸信仰和良心自由，宗教信仰和良心自由是内在的，外力强迫只能改变信仰的外在形式。因此洛克指出，在信仰问题上使用公共权力是不宽容的。法国哲学家图海纳认为，宗教宽容的目的就是使不同宗教信仰的人们能够和平共处，使基督教文化与理性主义文化保持良好的关系，使宗教信仰或政治观点已日益淡化的人们切实做到尊重少数人的信仰、政见和生活习俗。① 金里卡认为，宗教宽容上的进步是自由主义的历史根源之一。经历无休止的宗教战争之后，"天主教徒和新教徒认识到稳定的宪法秩序不可能建立在一个共同的宗教信仰之上，于是西方出现了宗教宽容"。②

现代宽容由古代宗教宽容逐渐演变而来，与处理政府和社会与公民之间相关性的价值原则有关，兼容了自由、平等、多元、法治等政治价值，成为自由主义的一个重要理论来源。18世纪后，宗教宽容和良心自由被写入了美国和法国的宪法，宗教宽容开始转变为政治宽容。这一转化过程同时也是现代民主的产生和发展过程，宽容不仅是政治参与扩大化的前提，也为大众政治提供了尊重和保护个人隐私和权利的价值规范。③ 这种现代宽容主张将公共权力限制于公共领域，为利益多样性和文化多样性创造了良好的制度环境，以法律的方式保障个人在私人领域内享有充分自由。

根据宽容的发展脉络得知，自由主义宽容源于宗教宽容，后来逐渐发

---

① 〔法〕阿兰·图海纳：《我们能否共同生存》，狄玉明译，商务印书馆，2003，第216页。
② 〔加〕威尔·金里卡：《多元文化的公民身份》，马莉、张昌耀译，第220页。
③ 施雪华：《西方自由主义语境下宽容观念的演进》，《学习与探索》2009年第5期。

展为保障个人权利的政治宽容和社会宽容，它容纳了自由、平等、多元、法治等政治价值，成为现代自由社会的价值规范之一。宗教宽容要求政教分离、良心自由和表达自由；社会宽容要求划分个人权利和社会行动的边界；政治宽容寻求保障个人权利的一系列制度安排，在差异中寻求共识。

宽容是自由主义的核心价值，同时也是多元文化主义的重要价值。自由主义的宽容与多元文化主义的宽容存在极大的相似性，但也存在显著区别。二者的相似之处集中体现于，宽容是一种致力于谋求和平共存的权宜之计，力求在多元和差异中寻求共识。但自由主义宽容偏向于对个人权利的追求和保护，它强调每一个个体都应享有与其他人同样的权利，是实现个人自由权利的条件，无论是宗教宽容、社会宽容还是政治宽容，其主要目标都是保障和实现自由主义的个人权利。它们对于和平共存与共识的追求，目的也是创造有利于实现个人选择和个人自由的社会和政治环境。

多元文化主义的宽容并不否认多元价值和共识，它与自由主义宽容的最大分歧在于，后者的根本目的是促进个人自由权利，而多元文化主义宽容更着重强调在多元文化的现实条件下对异质性文化采取承认和接纳的态度，以及宽容的限度问题。

首先，多元文化主义的宽容强调承认和接受多元与差异。宽容概念本身就默认着对他物的接受和承认，这种承认和接受的含义就包括某种差异性或多元性。多元文化主义者认为，文化的多样性和差异性存在于人类自身所具有的改变自己存在方式的创造性和能力之中，[①] 是人类创造性的结果和人类繁荣的必要条件。多元和差异既是文化群体存在的基本样态，也是它们得以存在的前提，因此，文化的多样性和差异性是不可避免的，是具有必然性的存在，这是多元文化主义的宽容对差异和多元予以承认的主要原因。[②] 重视差异性和多元性的另一个重要原因在于，文化群体的存在和发展建立在承认文化的差异性和多样性的基础之上，而多元文化主义的核心主张之一，就是保存和保护不同的文化群体在多元社会现实中的存在和发展权利。多元文化主义者认为，拥有某种共同价值、规范和目标的共同体

[①] 〔墨〕洛德斯·阿里斯佩：《文化的多样性、冲突与多元共存》，转引自联合国教科文组织编《世界文化报告》，北京大学出版社，2002，第 21 页。

[②] 尽管自由主义宽容对文化的多样性和差异是必然存在的这一事实予以承认，但它承认多元和差异的理由是多元与差异对个人自由权利是有所促进的。

拥有一种维护它们特有的宗教、语言、习俗和价值体系的权利，不同的文化群体都平等地拥有这种权利，都具有保存自身的正当性。因此，多元文化主义宽容更加着重渲染了对多元与差异的承认。在一个同质性文化占主导地位的社会里，处于非主导地位甚至边缘地位的文化群体面临退化和消亡的风险；而在一个重视和接纳多元文化的社会环境中，不同文化群体才享有合理存在的一席之地。自由主义宽容的目的不是保存不同文化群体，而是确保个人权利能够在多元文化的社会现实中获得更为充分和全面的发展条件。多元文化主义宽容则把不同文化群体的存在和发展列为最高目的，任何一种文化群体都在自在的意义上具有存在权利。

其次，多元文化主义的宽容突出表现为一种极富主动性的交往态度。自由主义宽容更着重强调对差异和差异者的承认和接受，只停留于将自身与他者区分开来的阶段，对差异和差异者的存在并不十分关切，与一种消极的被动态度更为接近；多元文化主义宽容与其相比更具主动性，试图在保持各文化传统的多元性的前提下，积极努力地寻求沟通与共识。在多元文化社会中，宽容成为人们交往的基本条件，它被视为一种促使不同文化群体或个体彼此协作，有益于身心健康和社会化功能的积极的交往智慧。① 多元文化主义主张各种文化都具有平等价值，因此各种文化群体都应当得到保存，因此，多元文化主义的宽容就不仅仅是接纳不同的文化存在的现实，或仅仅将与自己不同的文化作为差异性现实而认可和接受，它竭力主张与不同文化进行交流和沟通，将自己的文化传播给对方，同时也把对方的文化带入自己的领域，通过文化间的沟通使自身和他方都获得对彼此的了解和接受，为宽容增加了积极主动的含义。图海纳指出，互相沟通意味着对他者、多样性和多元性的承认。② 积极的宽容摆脱了自由主义对个体的原子化解读及这一基础上对他者的漠不关心，超越了自我与他者的二元划分，是在创造意义的过程中实现相互合作与对话。

最后，多元文化主义的宽容强调宽容的限度。多元文化已经成为现代社会的基本事实，宽容业已成为一种备受推崇的核心价值理念。对宽容的

---

① 〔美〕乔治·F. 麦克林：《多元文化社会中的宽容精神》，邹诗鹏译，《求是学刊》2005 年第 1 期。
② 〔法〕阿兰·图海纳：《我们能否共同生存》，狄玉明译，商务印书馆，2003，第 182 页。

这种"偏爱"一定程度上是由于它的必要性和积极作用：宽容与压迫等强制性手段不同，它更容易使具有文化差异的个人或群体实现和平共处，也对保全文化的多样性具有促进作用。宽容的这一积极作用符合多元文化主义的主张和期待，但尽管如此，在多元文化主义的视域中，也并非所有形式的文化都可以同时且同样地得到包容和接受。金里卡指出，多样性和宽容有界限，多样性确实是一种价值，但只有在某种共同的规范和制度范围内，它才能运行。否则，它就会带来动荡。同样，宽容是一种道德，但是只有在某种界限内它才有意义，否则它会威胁到平等原则和个人的权利。[①]因此，宽容的限度问题就必须被澄清，这关系到一个政治共同体内部如何化解多元与统一的张力。

多元文化主义的不同流派对宽容的限度问题的理解并非完全一致。在自由多元文化主义的视角下，宽容保护个人持有与群体不同意见的权利，同样保护群体不受国家迫害。这种宽容要对非自由主义群体限制其他群体加以限制，同时认为，宽容的底线是个人可以自由地评估自己的目的和有潜力修改自己的现有目的。换言之，违背自主原则的文化和文化群体，自由多元文化主义认为不应予以宽容。多元文化主义者沃尔泽通过考察五种不同的宽容体制，对宽容的限度问题进行了分析。宽容不是某种抽象的哲学原则，而是多样的文化态度和政治实践；宽容的主体不是自由主义的个人，而是具有不同历史文化传统的文化群体。在既定现实下，并非每一种差异都可以或应当被接受，一种政治制度只有提供了某种满足各种文化群体能够和平共存的条件，在道德上才可以被接受。因此，在沃尔泽看来，宽容的限度就是满足和平共存。他列举了五种不同类型的宽容政治体制[②]

---

① 〔加〕威尔·金里卡：《多元文化的公民身份》，马莉、张昌耀译，第80页。
② 这五种不同的宽容政治体制分别采用了不同的政治方式来回答如何实现宽容。①在多民族帝国政权中，各种群体构成自治或半自治的共同体来进行自治，不同文化群体之间交往通过帝国的法律来调控，将个体封闭在各个群体中，形成单一的种族认同或宗教认同。②在国际社会中，按照国家的领土边界来划分主权，确保双方互不侵犯和干涉。③联盟制政治共同体实行分离自治，依据不同群体的领导者通过协调和谈判达成共识，各自自治并在共同事务上进行简单合作。④民族国家中，处于主导地位的族裔文化群体以自己的文化和价值来组织和引导公共生活，允许其他少数族裔文化群体在一定领域内保留自己的文化。⑤在移民社会中，国家对不同文化群体保持中立，通过制定不偏不倚的基本规则来实现多样性的个人选择的和平共存。沃尔泽指出，这五种类型的和平共处足以说明，宽容具有多样性，根据现实条件不同，宽容的限度也有所差别。〔美〕迈克尔·沃尔泽：《论宽容》，袁建华译，上海人民出版社，2000。

来说明，任何一种宽容的政治形式都不是普遍行之有效的，尽管在处理差异性的文化群体和平共处的问题上，不同的政治共存方式采用了不同的宽容态度和实践，但总体看来，每种宽容体制在某种程度上必须是单一的和统一的，才能保证成员的忠诚，各群体之间的共存需要一个在政治上稳定、道德上合理的安排。因此，宽容的界限还是应理解为国家所确立的规则。

激进的多元文化主义者杨认为，多民族国家设定的宽容的限度，应当由不同文化群体的代表通过共识而建立，宽容应当体现多元参与。杨反对自由主义在宽容问题上对不同历史背景的文化群体采取无差别对待的态度，认为应当根据不同文化群体的特点设计不同的限度，从而实现最大限度的宽容。[1] 总而言之，尽管多元文化主义宽容脱胎于自由主义的宽容理念，但多元文化主义按照自己的理论主张，从内容的丰富性和侧重点上丰富并拓展了自由主义宽容的内涵，形成了承认和接受多元与差异、富于主动性和体现多元参与的多元文化主义宽容。

二 多元文化主义的平等理念

平等（equality）是人类社会所追求的诸多价值理念的核心之一。卢梭在《论人类不平等的起源》中提出，不平等归于天意，而平等只能是人类行为的结果。[2] 因此，对平等的追求过程，同时是人类同自然和社会差别相抗争的过程。美国政治学家萨托利（Giovanni Sartori）指出，平等首先表现为一种抗议性理想，它刺激着人对宿命和命运、对偶然差异、具体的特权和不公正权力的反抗。追求平等的历程几乎没有终点，这是因为在某个方面实现的平等会在其他方面产生明显的不平等。[3]

在政治哲学视域下，平等是最富有争议性和复杂性的价值理念之一。对于什么是平等这一根本问题，在历时态和共时态下都无法找到一个统一的、具有完全共识性的解答，平等的定义随着社会历史条件的不同而变化。托克维尔在《民主在美国》（*Democracy in America*）一书中提出，平等原则

---

[1] Iris Marion Young, *Inclusion and Democracy*, Oxford University Press, 2000, p.12.
[2] 〔法〕卢梭：《论人类不平等的起源》，高煜译，广西师范大学出版社，2009，第53页。
[3] 〔美〕萨托利：《民主新论》，冯克利等译，东方出版社，1998，第379页。

是推动民主社会发展最重要的力量,自由主义正是因为对平等的肯定和坚持才成为自由主义。平等是自由主义传统蕴含和坚持的一种规范性的价值,对于作为价值理念平等的论述,主要发生和存在于自由主义的发展过程中。因此,要了解什么是平等,也就是要了解自由主义在不同阶段对平等的不同理解。多元文化主义的平等不可能凭空出现,它也是在自由主义对于平等的不断发展的论证过程中,根据多元文化主义的特殊语境和主张产生或加入了新的内涵。因此,多元文化主义的平等理念也不可避免地同自由主义的平等理念存在必然性关联,要理解前者就必然要对后者进行深入的剖析。

从内容上来看,平等可以分为非分配的平等和分配的平等。非分配的平等指作为个体的人在尊严和价值上是平等的,分配的平等则是指资源、财富、机会等对象在社会运行中的分配是平等的。从实现程度上看,平等可以分为形式平等和实质平等。形式平等是在抽象意义上使用平等概念,指在某方面相同对待,并未赋予平等以具体内容,对于"在哪一方面相同对待上"是完全开放的。它通常被用来指具有平等地位的人应该平等对待,表达了一致性的逻辑上的必要条件,即相同的案例应该相同对待,不同案例应该被不同对待。① 具体来说,形式平等意味着权利、制度和法律平等地适用于社会中的每一个人,它只关心原则上的平等和公正。实质平等是形式平等的具体化和实质化,它注重结果上的平等,对于何为平等已经设定好评判标准,每个人的偏好都是同样的并具有同等的重要性。②

从实现过程上看,平等可以分为机会平等和结果平等。机会平等是指,在一种社会制度下,所有人可以获得相同的机会,凭借努力和能力参与社会竞争,而社会则依据人们竞争的胜负给予他们不同奖励。实际上,机会平等理论试图通过为有竞争关系的个人划定竞争的起点,从而排除影响竞争的不正当(运气和天赋等)因素,使得参与竞争者可以在平等的条件下,凭借自己的能力和努力获得回报。机会平等的代表主要是罗纳德·德沃金的资源平等理论和阿马蒂亚·森的能力平等理论。结果平等是一种补偿意义上的平等,它的主要含义是,一个社会不论其成员在家庭出

---

① 〔美〕约翰·凯克斯:《反对自由主义》,应奇译,第125页。
② 〔美〕约翰·凯克斯:《反对自由主义》,应奇译,第126页。

身还是自然天赋等方面具有何种差距,都应当通过一种确定的制度使其成员最终所得利益相等。实质上,结果平等是通过再分配的途径使人们在竞争中形成的差距缩小,是某种利益或好处本身的平等,因此,有时结果平等也被认为与实质平等具有同等含义。结果平等以社会弱势群体应获得与非弱势群体同样的利益作为主要价值追求,并认为机会平等是一种虚假平等。

从自由主义平等观念的历史发展过程来考察,平等理念在近代经历了一个随自由主义理论的变化而变化的过程。古典自由主义的平等有两个重要来源。首先,它产生于早期基督教神学的超验的平等,即"上帝面前人人平等",在神面前,每个人作为被造者具有同样的价值。其次,它来源于基于自然法中的"生命、自由、财产"的平等。启蒙思想家将自然法与天赋人权学说联系起来,洛克提出天赋人权就是强调,人在自然感性、自由和财产权利面前是平等的,这是每个人之为人不可剥夺的基本权利。孟德斯鸠也明确提出,平等是构建民主政治的原则。由此可见,古典自由主义的平等表现为一种身份平等,并进而表现为权利平等,即权利和自由不能也不应当受到财富和身份的制约而被差别对待。

古典自由主义的平等观除了表现为身份平等和政治平等,同时也与自由密切相关,平等寓于自由之中。卢梭认为,人生来是自由与平等的,只有为了自身的利益才能让渡一部分的平等自由,把一部分自然权利交换出去给国家,由国家来维护每一个参与让渡者的权利。这一过程对于每一个体而言都是平等的。平等是自由的最佳补充,为了平等,首先必须得到自由,如果没有自由,人们甚至无法提出平等的要求。亚当·斯密提出,经济自由能够促进社会平等:人们自由地从事经济活动,政府尽量对此减少干涉,使资源通过市场得到合理配置,通过满足个人的需要促进社会平等。虽然古典自由主义也对平等问题有所观照,但它关心和探讨的核心价值是自由,而当代新自由主义区别于古典自由主义的根本点,是将平等作为核心价值理念进行探讨,并对经济上的平等尤为关注。

当代政治哲学对平等的关注,很大程度上始于罗尔斯《正义论》所揭示的平等对于自由的根本意义。罗尔斯将正义视为社会制度的首要价值,并认为正义蕴含和要求平等,包括社会分配的平等和个体基本自由权利的平等。一个秩序良好的社会是自由平等的公民在平等条件下共同进行公平合作的体系。在新自由主义视域下,正义意味着能够实现何种平等,平等和正义融为一体。通过对自由主义平等观念的历史发展阶段的分析,可以对自由主义平等的内涵及其发展变化有所了解。

分析平等的含义和自由主义平等理念的历史发展,可以得出对自由主义平等观念的一般性理解。首先,自由主义平等既包含分配的平等,也包含非分配的平等。古典自由主义包含的"天赋人权",它强调在尊严和价值上是人人平等的;同时,近代自由主义强调个人在自由权利和财产权上是彼此平等的。其次,自由主义平等既包含机会平等,同时具有一定的结果平等倾向,这集中体现在当代新自由主义对社会基本善的分配原则上。罗尔斯的两个正义原则中,其中之一是强调机会平等地对所有人公平地开放。在罗尔斯看来,平等只是一种分配标准,凭借它去分配构成机会平等所需要的一些社会基本善,例如福利、资源和权利等。这实际上是指权利和资格方面的平等,属于竞争机会的平等。自由主义平等并不是一种实质平等,无论是古典自由主义还是当代新自由主义都认为,平等的现实化必须通过给予个人平等的政治权利来实现,即便是罗尔斯的分配原则允许在再分配阶段照顾社会最不利者的利益,只要社会公共善的分配是公正的,任何经济上的差距就都可以被看作平等的,这种平等观念的目的并非使社会的所有成员得到平等的分配结果,而是为了促进每一社会成员的个人自由的实现。因此,自由主义的平等更多可以被看作形式上的平等。

多元文化主义的平等在分配的内容上同自由主义的平等具有一致性。对于非分配的"善"(goods)不止自由主义和多元文化主义予以承认,个人尊严和价值的平等是被现代文明所普遍认同的。同时,多元文化主义的政治主张也要求对资源和权利等社会公共善品的公正分配,因此,多元文化主义的平等理念也必然包含分配平等。在现代语境下,平等理论不可避免地指向两个问题,即分配什么和如何分配;不同的平等主义者对这些问题有不同的回答,而这些不同的回答构成了当代平等主义理论的不同路线。① 自由主义尤其是当代新自由主义对平等的论证和坚持都集中于分配平等,多元文化主义作为一种现代政治思潮,对平等问题的研究也必然带有分配平等的属性。

---

① 姚大志:《平等主义的图谱》,《吉林大学社会科学学报》2005 年第 5 期。

多元文化主义平等与自由主义平等的不同之处也十分明确。（激进）多元文化主义平等强调结果平等，它主张不同的文化群体应当享有平等的地位，并且主张通过激进的民主为这种平等提供制度上的保障。在满足形式平等的条件下，即法律规定群体是平等的，在现实中仍有许多群体被视为异者或非我族类（the other）。杨明确提出，自由主义的平等将社会打造成一个同质同构型的公民组合。然而，这种社会中仍然存在优势群体，忽视差异的结果会对某些非主导地位的群体不利，这些群体常常基于经验、文化等方面的不同而与优势群体有所不同，形式平等默许了占主导地位的优势群体制定同化的规则和标准，要求每一个体都符合这些规则和标准的考量。多元文化主义倡导异质性、多样性，注重语境化和多元化，拒斥同一性和同质性。如果人们认识到白人和黑人一样特殊、男人和女人一样特殊、同性恋也和异性恋一样特殊，差异只是不同，并不是劣等，才能促成多元社会中不同少数群体的融合以及真正的平等对待。[1] 这种"平等对待"在自由主义的理解中是具有平等的机会，而在多元文化主义理解中，它重点要求不同文化群体在社会地位等方面获得平等的结果，而要获得这种结果平等，仅仅通过机会平等是无法达成的。多元文化主义这种追求结果平等的理想也被称为"差异的平等"。

所谓差异的平等，就是平等地承认不同的文化，并且使不同文化都具有平等的地位。这种差异的平等构筑在认同"文化对人的生活具有根本性作用"这一观念的基础之上。由于人们的身份是由社会建构的，对一种文化的否定就是对这种文化承担者的个人否定和伤害，也是对具有这种文化特征的群体的伤害。因此，多元文化主义始终坚持要保证不同文化群体被平等地对待，通过积极有效的政策方式使经济和其他方面的结果被基本拉平。在差异政治的设计上，平等不仅仅是社会产品的分配问题，它还涉及充分的参与和社会主要制度中能够容纳每一个人。并且，社会也要为所有人的发展和实现他们的选择提供机会。[2] 也就是说，多元文化主义差异的平等在要求分配平等的同时，更加强调非分配的承认维度的平等，并同时要求这种平等在结果上也得到呈现。这种非分配的平等的主体不是自由主义

---

[1] C. West, *The New Cultural Politics of Difference*, Simon During Ruthledge, 1990, p. 203.
[2] 常士訚：《异中求和：当代西方多元文化主义政治思想研究》，第62页。

强调的个人，而是每一个独特的文化群体；平等承认的内容也不是自由主义所强调的个人的尊严和道德价值，而是不同的文化。①

三 多元文化主义的正义理念

正义（justice）是政治哲学中最古老的核心主题之一。在西方政治哲学思想史中，对正义问题的理解方式和程度有所差别，但纵观整个西方伦理思想史和政治思想史，对正义的谈论几乎从未停止。对正义的直观和一般理解，是给人"应得应予"的公正，正如梭伦在诗中所写，"我所给予人民的适可而止，我不使他们遭受不正当的损失；我拿着一只大盾，保护两方，不让任何一方不公正地占据优势"。② 然而，正义的含义却远不是这么简单，"它有一张普罗透斯似的脸，可随心所欲地呈现极不相同的样貌。当我们仔细辨认它，并试图揭开隐藏于其后的秘密时，往往会陷入迷惑"。③ 正义因历史时期、理解主体、理解角度的不同呈现出不同的含义，多元文化主义对正义的理解，既同哲学和政治领域对正义的历史理解相关，也同多元文化主义自身的背景和理论特点及诉求相关。

西方正义观念在古希腊至当代长期的历史发展过程中经历了几个阶段。正义的概念最初就出现在《荷马史诗》中，代表希腊神话中的宇宙秩序，并作为一种维护人类社会福祉的根本法则的观念被确立下来。在《荷马史诗》中，正义首先是一种秩序观念，整个宇宙都服从一个统一的、完整的秩序法则；其次，正义意味着公正、正直和不偏不倚，是法则的履行不徇私情，谁违背了正义的法则，都要得到应有的惩罚。④ 柏拉图

---

① 当然，并非所有类型的多元文化主义对于平等的要求都是如此，自由多元文化主义在平等问题上的理解就与此有所差别。自由多元文化主义试图在自由主义机会平等和多元文化主义结果平等中进行调节，既保证机会平等，又要将结果平等纳入进来。实际上，它是对将平等的适用领域做出了一种划分：社会公共领域中的平等，即个人作为公民的普遍权利的平等；在特定领域内，对一些处于不利地位的少数群体的权利给予保护，这是一种基于补偿意义上的平等。
② 〔古希腊〕亚里士多德：《雅典政制》，林志纯译，生活·读书·新知三联书店，1957，第14页。
③ 〔美〕埃德加·博登海默：《法理学—法哲学及其方法》，邓正来译，华夏出版社，1987，第238页。
④ 龚群：《正义：在历史中演进的概念》，《华中科技大学学报》（社会科学版）2019年第1期。

继承了对正义的这种理解,并对其进行了发展。他将正义分为个人正义和城邦正义。首先,个人正义是一种德性。柏拉图认为,人的灵魂分为三个部分,即理性、激情和欲望;理性要求智慧,激情要求勇敢,欲望要求节制。在一个城邦中,只有当灵魂的这些部分分别发挥它们各自的作用时,个人灵魂才实现了正义。城邦的正义是一种秩序要求,每个城邦都有统治者、护卫者、劳动者三个阶层,他们各司其职并相互协调,即当城邦里的这三种自然的人各做各的事时,城邦被认为是正义的。无论是个人正义还是城邦正义,都是一种虚位性的德性,① 然而,它表现出的灵魂秩序和城邦秩序,体现了《荷马史诗》的正义概念蕴含的内在秩序这一核心特性。

亚里士多德在《政治学》中,区分了广义的正义和狭义的正义。广义的正义也被称为一般的正义,它是指政治上的普遍正义,以全社会所有成员的共同利益为依归。② 狭义的正义也被称为具体的正义,它相对于社会成员个人之间的关系而言,分为分配的正义和矫正(纠正)的正义,前者是指表现于荣誉、钱物或其他可分配的共同财富的分配上的公正,它强调分配因人而异,即相同的人应得到相同对待,不同的人应得到不同对待。这里的所谓"应得"是指,根据每个人的价值来确定,但亚里士多德认为,这一"价值"的含义根据个人的身份不同而不同。"应得"还往往被解释为道德应得,即每个人根据其道德价值应得的东西。③ 由于人的才能和身份各不相同,这种分配是平等的,但不是平均的。总体来看,正义必然蕴含"应得",而"应得"的对象和内容则内在蕴含权利的概念。在亚里士多德看来,分配的正义就是把恰当价值的事物(权利)授予相应的人。矫正的正义则是指在私人交易中对私人利益进行矫正和调整。社会生活中,个人通过私人交易进行分工合作,实现互惠互利,矫正正义就是通过对这一合作过程中的不公平行为给予修正,从而给参与交易的双方以平等对待,维护交易双方的平等地位,或是通过法律来恢复先前在交往中被破坏的平等。

---

① 龚群:《正义:在历史中演进的概念》,《华中科技大学学报》(社会科学版)2019年第1期。
② 参见〔古希腊〕亚里士多德《政治学》,吴寿彭译,商务印书馆,1981,第148页。
③ 罗尔斯认为,用道德来解释正义是一种逻辑上的颠倒,事实上预设了道德标准和过多道德内容,而道德标准和内容往往需要正义观念本身去阐释。

后来的法国哲学家柏格森也提出，正义的拉丁文 pensare，它派生出补偿和报偿等词。① 亚里士多德对正义的分类深刻地影响着后来的人们对正义问题的认识。

早在罗马时期，正义一词就包括公平、公正、法、权利等多重含义，这一解释长久影响着西方文化对正义的解释。法语中的 droit，德语中的 recht，英语中的 right 等词语都兼有权利和正义的意涵，因此从语义学角度来看，西方语境下的正义一词内在地包含法与权利。权利和正义是不可分离的，权利的正当性是权利内在结构的必要组成部分，权利与正义的内嵌关系早在古希腊时期就业已形成。正如美国政治哲学家乔治·萨拜因（George Sabine）所言，希腊哲学家们并不谈论权利问题，他们谈论的是正当的或什么是正义的。②

近代以来，正义问题的讨论是以自然法和权利概念作为载体的。格劳秀斯提出，自然法是正当理性的命令，它指示任何与合乎本性的理性相一致的行为是道义上公正的行为。③ 这就是说，自然法是社会正义与否的最终裁决依据，同时与人的自然本性或理性相一致。他同时指出，权利一词用来称呼恰当的东西，它同时也就包含对正义概念的广义理解。因此，正义与自然法相符合，同时也彰显着权利概念。

洛克的政治哲学以自然权利为其理论核心。洛克认为，自然状态是一种个体平等的、完备无缺的自由状态，自然法规定人的自然权利的内容包含生命、健康、自由或财产，没有任何人基于任何理由可以随意侵犯他人的自然权利。判断一个社会是否正义，主要在于一个政府的权力是否被用来维护社会成员的自然权利。他的这一思想使政府权力与个人权利的关系出现了历史性的逆转，使得个人权利化身为政府权力的合法性依据，一切政治行为正义与否，都必须以组成社会的个人的自然权利为判断标准。自然权利在洛克这里为正义增添了新的内容，正义理论的范式也发生了根本转变，由过去的内在秩序性原则转变为对个人权利的关注。

近代功利主义的代表人物密尔提出，权利是正义的实质，正义与不正

---

① 崔延强：《正义与罗格斯：希腊人的价值理想》，泰山出版社，1998，第 2 页。
② 〔美〕乔治·霍兰·萨拜因：《政治学说史》，盛葵阳等译，商务印书馆，1990，第 25 页。
③ 〔荷〕胡果·格劳秀斯：《战争与和平法》，何勤华译，上海人民出版社，2005，第 23 页。

义主要以权利为其判断标准,权利与正义理论紧密相关。认识权利概念和解决权利冲突,需要以完满的正义理论为中介。在此基础上,他提出与正义相关的权利可以分为五类。第一,尊重人的法定权利是正义的,反之则是不正义的。这是法律的正义,与之相应的是法律权利。第二,法律并不必然是正义的标准,剥夺他人道德权利的法律就是不正义的。这体现了道德的正义,与之相应的就是道德权利。第三,正义是每个人获得自己应该获得的东西,不正义就是人未得到自己应得之物或得到了自己不应得之物。这是应得正义,与之相应的是应得权利。第四,违背协议,无论是对公开协议或是自己提出的条款的违背都是不正义。这是践诺的正义,与之相宜的是契约权利。第五,偏私,即出于私恩的偏袒,这对于其他人是不公正的。① 这是平等的正义,与之相应的就是平等权利。总体来看,正义就是对所有的权利给予平等的保护。

当代政治哲学的核心问题是正义问题,而当代对于正义的探讨仍沿着近代以来的平等权利主张进行。无论是自由主义还是多元文化主义,在谈及正义问题时,都涉及了权利及其与正义的关系。

当代政治哲学对正义问题的研究,以罗尔斯的正义理论为主要代表。正义是所有的社会价值——自由和机会、收入和财富、自尊的社会基础都要平等地分配,除非对其中一种价值或所有价值的一种不平等分配合乎每一个人的利益,② 它包含两条原则:一是平等自由原则,二是差别原则与机会平等原则。第一条原则指每个人对各项基本自由享有平等权利,即政治自由权利;差别原则的内涵是,社会不平等的条件是对最不利者的劣势处境有所改善,机会平等的核心内容是社会的各种职务、地位和机会向所有人平等开放。这两条原则按词典方式排序,前者具有绝对的优先性,只有平等自由原则得到满足,差别原则和机会平等才能发挥作用。按照罗尔斯的正义原则排序,一些社会益品比其他社会益品具有更高的价值,这种具有"绝对优先"地位的社会益品就是自由,即个人自由权利,社会正义原则要求对这一权利不能存在差别对待,这是平等自由原则和机会平等原则的共同要求。差别原则常常也被称为补偿原则,在确定一个社会中

---

① 〔英〕约翰·密尔:《功利主义》,刘富胜译,光明日报出版社,2007,第68页。
② 〔美〕约翰·罗尔斯:《正义论》,何怀宏等译,中国社会科学出版社,2009,第48页。

的最少受惠者和社会经济条件允许的前提下，对其社会期望进行提升，即给予最少受惠者一定的利益补偿。这条原则也可以被看作与亚里士多德的矫正的正义相同，但不同之处在于，在现代社会存在巨大贫富差距的现实背景下，社会的最少受惠者的生存权利难以得到保障，更遑论建立于生存权利基础之上的其他各项基本权利，这对于罗尔斯主张的权利平等的正义观念来说是一种直接的、现实的违背。因此，作为沿袭了近代权利正义的当代新自由主义正义观念的典型代表，罗尔斯正义理论中的差别原则的根本目的，仍在于要保障公民平等的自由权利以及各种其他基本权利。

多元文化主义的正义观念正是从对当代自由主义的正义理念的批判中建立起来的。首先，应当承认的是，多元文化主义的正义理念同样也遵循权利正义的构成。然而，它的权利正义与自由主义的权利正义之间存在重大分歧，一方面分歧之处恰恰凸显了多元文化主义正义观念乃至其价值理念的特殊；另一方面，也体现了多元文化主义在规范意义上的主张。

以社群多元文化主义为例。首先，它反对自由主义权利正义的普遍主义倾向。现代社会通常存在经济和身份的双重不平等，二者在现实中往往彼此交织和相伴出现。某些文化群体在经济地位和文化身份上都处于劣势，它们常被社会经济和文化领域占据优势地位的群体所歧视乃至边缘化。为此，处于劣势地位的少数群体既需要争取经济上的平等，同时也需要争取群体文化身份的承认，社会经济方面的不正义与文化方面的不正义都需要被关注和解决。但是，自由主义正义理论聚焦于资源的分配平等，对于少数群体在文化上的不平等并不加以关注。自由主义的权利正义仅仅关注经济上的不平等以及建立于其基础上的政治的不平等，它所主张的"权利"也必然带有普遍主义倾向，仅仅指向无差别的个人的自由权利以及各种分配平等所需要的权利，这种权利的内容并不包含地位和文化上的权利。社群多元文化主义主张的权利正义所蕴含的"权利"不仅在内容上指涉文化和身份领域，更主要的是，它的权利主体并不仅仅承认（自由主义背景下）个人，它的权利主体还承认群体及群体中的个人。这构成了多元文化主义的权利正义同自由主义的权利正义的最大区别。

其次，社群多元文化主义还反对自由主义权利正义的抽象倾向。自由主义规定个人作为公民普遍和同等地具有自由权利,[①] 实际上就是把抽象同一的公民身份平等地赋予每个人,每一公民平等地享有道德价值。社群多元文化主义对抽象的平等提出了质疑,认为它遮蔽了现实中群体文化的特殊性和差异性,既未将少数群体的各种特殊文化要素纳入道德考虑,也没有基于文化背景的差异对每一个体的权利加以区别,却一味地使用同质化原则不加区分地对待所有人。这种权利正义蕴含的同质化的权利仅仅是形式上的,它只能确立每一个体享有权利资格,但不能保证这种权利资格转化为现实。这种对同质性身份的追求在实践中常常呈现为,社会中的主流群体对非同质性文化族群的强制整合,从而引起主流群体和少数族群关系的紧张,甚至引发群体间的冲突。多元文化主义的权利正义力图通过给予部分非主导地位的群体以(不同于一般公民权利的)权利,来超越自由主义权利正义的抽象性和普遍性。

多元文化主义的正义观念也如自由主义一样以权利正义的形式呈现。但其特殊之处在于为这种权利正义赋予了新的内涵:在权利的主体上,它在作为普遍公民的个体之外,还承认少数群体及其成员;在权利的内容上,它在自由主义赋予的个体自由权利之外,还承认少数群体抵御外部侵犯的政治权利和保存自己传统和文化的文化权利。这就是多元文化主义的少数群体权利思想,也是多元文化主义最主要和最核心的主张。

第二节 多元文化主义的少数群体权利特征

自由主义者认为,只要个人基本权利得到了可靠保证,进一步保障少数的群体、族群或民族成员的权利就变得毫无必要。正如克劳德提出的,促进人权保护运动的一般趋势,是把少数民族问题纳入更广泛的对全人类的个人基本权利的保护的范畴中解决,而不必提及族群的集体权利。认为

---

① 有人提出,自由主义倡导的个人自由权利基于个人主义是一种误解,自由主义的个人自由权利优先的原则对集体目标的实现并非毫无助益;没有任何理由认为一个有序社会应当首先鼓励"个人只追寻自己的路而对他人的利益毫不关心"的个人主义价值。人们往往期望大多数人属于一个或者多个联合体,因此至少在此意义上,自由主义的个人主义具有一些集体的目的。然而,这种解释并不能说明个人自由权利对社会中少数群体的处境有所关怀,即便它能够在现实中促进一些文化群体之间的交流,但这也只是附带性和偶然性的目的或结果,不能证明这是个人自由权利的目标。

少数民族成员不需要、无资格获得、更不能给予特别权利的观点，一直居于主导地位。人权理论的发展一直在取代少数群体权利的概念，强烈地意味着已经享受到个人平等的少数群体，不能再从法律上要求给予他们维护族类特殊性的规定。① 多元文化主义认为，基于各种原因，② 少数群体的地位和权利问题，不能置于自由主义的个人基本权利（人权）范畴下来解决，它并不是一个与个人基本权利的意涵和诉求完全一致的问题；从某种程度上说，多元文化主义为自由主义个人基本权利无法解决的问题提供了一种可能性路径。然而，西方的政治传统对少数群体权利问题"一直保持令人惊讶的无所作为"，甚至它作为一个问题被专门提出也是在最近几十年间。长期以来，学界都是在未达成明确共识的前提下，讨论什么是少数群体权利，为何以及如何实现少数群体权利。因此，对少数群体权利的特征进行详尽的考察和分析，是对多元文化主义的理论和现实问题做出解答的必经之路。

一 少数群体权利的少数性

"少数群体权利"翻译自 minority rights。然而，"少数群体权利"并非是该词的唯一翻译，另一个被广泛使用的翻译方式是"少数人权利"。这两个同源的概念具有极高的相似性，表现于它们蕴含的"少数性"之中：无论是"少数群体"还是"少数人"，它们的少数性包含同样的内容。通过分析"少数人权利"概念的少数性，就可以清楚地了解"少数群体权利"概念的少数性。

权利问题主要包括五大要素：第一，权利拥有者，即权利主体；第二，某个对象，即权利客体；第三，维护和享有的权利；第四，个人或团体履行义务；第五，某个特殊原因，即权利的正当性。③ 无论是"少数人权利"还是"少数群体权利"，都在概念的语义上包含"少数"这个称谓。从一般意义上讲，"少数人"是和多数人相对应的概念，由于划分标准的多样，"少数人"所包含和指向的对象并不清晰；由于作为权利主体的"少数人"未得到厘清，权利的对象即"少数人权利"就无法被确切和清楚地认识。

---

① Claude Inis, *National Minorities: An International Problem*, Harvard University Press, 1955, p.211.
② 笔者将在本章第三节提供这些原因的论证和说明。
③ R. J. Vincent, *Human Rights and International Relations*, Cambridge University Press, 1986, p.8.

只有少数人权利主体得到承认，主体才有权提出权利主张，对权利主体身份的否认会直接导致对其权利要求的否认，而认同一个少数人身份则直接产生享受权利的初始（prima facie）理由。当权利主体身份不明时，权利主张也会相应地变弱并更难以获得。① 因此，首先探明"少数人"这一权利主体的内容究竟为何，是少数群体权利问题的逻辑出发点。

如果将英语中的 minority 对应为"少数人"这一翻译，那么"少数人"的少数性对应不同的范畴就具有多重含义。首先，它在民主的范畴中是基于数量上的多寡进行使用，这种少数与多数相对，是一种量的区分。其次，在人权范畴中，少数人是基于种族和民族、宗教、语言、性取向、社会地位等多种因素的考量来使用的，这种少数与主流或主导相对，是一种质的区分。因此，单就"少数人"来说，存在两种意义上的少数人。

多元文化背景下关注的少数人，并不是第一种民主范畴中的少数人，因为这种少数具有相对性和变动性。最早对这种"少数人"产生关注的是法国的托克维尔，他对少数人的关注主要基于对"多数人的暴政"的警惕。托克维尔指出，"多数人的意志就是真理"这一命题并不具有自在的合理性，反而表现出人们对舆论的依赖是非理性的。正是由于这个原因，有学者得出结论，托克维尔视野下的民主最终目的是保护少数人的个人权利，但这只能表明托克维尔对多数人暴政的否定和少数人权利的意识觉醒，他并未对少数人权利这个概念进行任何界定。

麦迪逊曾提出，那些有着共同利益或是共同激情的多数能否找到足够的动力去实现自治，不去压迫少数，这一问题仍然需要进行进一步追问。② 这说明少数性会因在其所处的与多数人构成的整体中所占比例的多寡不同而不同。这样的纯粹数量或比例上的少数性是抽象的少数性。除此之外，这种少数性还处在不断变动之中。在民主范畴中，少数和多数的差别主要体现在选举上，而形成少数和多数的原因是利益的不同，但这种利益差别因为选举内容的不同而不同。大多数情况下，个体常常因为变换利益立场而在少数和多数中进行变动徘徊。总而言之，因为这种少数性既是相对和

---

① 〔英〕詹妮弗·杰克逊：《超越"少数人"定义?》，许庄斯译，《法学评论》2017 年第 2 期。
② 〔美〕詹姆斯·麦迪逊：《我们的宪法》，载佟德志编《宪政与民主》，江苏人民出版社，2006，第 10~11 页。

抽象的，又是变动的，个体作为公民随着利益立场而变化，并不固定于某一恒定地位，因此，个体的权利状况根据具体境况的区别而变化，从而无法衡量及判断个体的权利状况。因此，这一少数性缺乏同一性载体，仍然属于个体公民权利意义上的少数，它的问题也应在普遍的公民权利中得到解决。

多元文化主义所关注的是第二种意义上的少数人，即基于种族和民族、宗教、语言、社会地位等广义文化上的区别而有着特殊性的少数性。不同机构和学者都根据自己的理解对"少数人"做出了界定。

常设国际法院最早试图对这一概念进行定义。它提出少数社群是指在特定国家和地域生活的，具有他们自己的宗教、种族、语言和传统的人群，基于对这些共同背景的认同，其成员保持团结一致，主张保护自己的传统、礼拜形式以及按照种族精神和传统来教育与培养后代，并提供相互帮助。[①]

德斯切涅斯（J. Deschenes）在《关于"少数人"一词的定义的建议书》中明确提出，少数人是一国公民的群体，在该国人口中构成数量上的少数并处于非支配地位；他们具有与人口中的多数人在种族、宗教、语言上不同的特征。[②]

联合国《公民权利和政治权利国际公约》第 27 条规定："在那些存在着人种的、宗教的或语言的少数人的国家中，不得否认这种少数人同他们的集团中的其他成员共同享有自己的文化、信奉和实行自己的宗教或使用自己的语言的权利。"

英国学者杰伊·西格勒（Jay Sigler）指出，少数人是指那些数量上具有一定规模，在肤色、宗教、语言、种族和文化[③]等方面具有不同于其他人的特征，由于受偏见、歧视或权利被剥夺而在政治、社会和文化生活中长期处于从属地位，国家应当给予积极援助的群体。[④]

由此可见，对于"少数人"概念的界定，不同的学者存在不同的侧重

---

① Capotorti, *Study on the Rights of Persons Belonging to Ethnics, Religious and Linguistic Minorities*, UN Subcomission on Prevention of Discrimination and Protection of Minorities, 1979, p. 21.
② J. Deschenes, *Proposal Concerning a Definition of the Team Minority*, UN DOC. E/CN. 4/SUB. 2/, 1985, p. 31.
③ 此处西格勒所指的文化，系第一章提到的狭义文化。
④ Jay A. Sigler, *Minority Rights: A Comparative Analysis*, Greenwood Press, 1983, p. 5.

点。迄今为止，对于"少数人"的定义在世界范围内仍未形成统一的共识性理解。综合以上各机构和学者对多数人的界定，可以大致得出结论，"少数人"概念至少包含两个重要方面，第一是指所属的群体具有不同于主流群体的特征，这些不同体现在广义文化的各个方面，例如宗教、民族和种族、语言和习俗习惯①等诸多领域；第二，因为这些不同和差异，这些少数群体同社会主流群体或主导群体存在地位差异，导致这些群体中的个人遭遇偏见、歧视等不公正对待。

值得注意的是，这种定义未纳入上述第一种纯粹数量上的少数，这就使得"弱势群体"这种在数量上并不一定占据绝对少数的群体是否应当被纳入"少数"范畴而产生争议。法学领域对弱势群体的定义是，由于社会条件和个人能力等方面存在障碍而无法实现其基本权利的群体，② 它针对"强势群体"而言，强调弱势群体在社会竞争和政治生活中的不利地位。可以看出，弱势群体与少数群体似乎在指代的对象上有所重叠，少数人中存在部分的弱势群体，但弱势群体的覆盖范围更为广泛，例如残疾人群体、老年人群体等，它们仅仅满足处于不利的社会地位这一条件，因此不应被归入"少数人"的范畴。实际上，弱势群体是一个在社会学意义上使用的描述性概念，对应到社会现实中，对于哪些群体属于弱势群体无法形成明确共识。因此，作为权利主体，"弱势群体"这一概念的指代缺乏确定性和共识，因此无法也不应将弱势群体归于"少数"之中。

综上可见，"少数人权利"中的少数性主要包含以下两个方面的特性。一方面，少数性蕴含差别性或差异性，这种差别体现于宗教、民族和种族、语言、习俗等广义文化的诸多方面；另一方面，少数性蕴含非主导性，即少数人在所处社会中极易受主流群体的影响，并且通常是遭到非公正对待。这是"少数人"的少数性和"少数群体"的少数性的共同之处，同时也是"少数群体权利"中"少数性"的内涵。

二 少数群体权利的群体性

尽管"少数群体权利"与"少数人权利"在少数性上具有相同内涵，

---

① 包括但不仅限于所列举的这些方面。
② 钱大军、王哲：《法学意义上的社会弱势群体》，《当代法学》2004年第3期。

但它们之间也存在显著的区别:"少数人"体现了权利的个体性,而"少数群体权利"则强调权利的群体性。"少数人"即便是以集合的形式来定义和描述的,但是最后仍是指代少数群体中的个人;"少数人权利"是人权范畴下的概念,而人权本身就是基于个人的,个人的尊严和普遍公民权利的实现是人权的目标和宗旨,联合国有关人权的文件所规定的"少数人权利"也主要是针对个人。易言之,"少数人权利"中的"少数人"是指处于少数群体之中的个人,"少数人权利"的主体也就是这些个体的人,"少数人权利"就是这些作为个体的人的权利。因此,"少数人权利"可以被视作自由主义人权的基本主张。

"少数群体"与单纯意义上的"少数人"有所不同,它不仅仅是一个集合概念,也是一个整体概念;它包含作为其成员的个人在内,但主张这些群体具有超出个人的联合体之外的总体性价值。多元文化主义的"少数群体权利",正是对自由主义人权范畴下个体公民权利的替代或补偿。[①] 因此,这种少数群体权利的群体性,首先就体现为它是作为一种群体或集体权利(collective rights)而存在的。基于少数群体权利的群体性特点,这一权利也被称为群体差别权利(group-differentiated rights)。

金里卡对作为集体权利的少数群体权利的研究在多元文化主义中较为具有代表性。尽管他反对使用"集体权利"这个术语来指代少数群体权利,但他并未否定少数群体权利的群体性特征,与此相反,正是在对使用"集体权利"这一术语的反对意见的解释过程中,少数群体权利的群体性得到了充分的证明。

首先,群体性不等于群体权利或集体权利。群体权利是一个较为宽泛的术语,具有相当多样的解释方式,其中一种较为通行的解释为:群体权利是指给予群体和由群体行使的权利,这些权利不仅与组成群体的个人权利有所不同,甚至有可能与个人权利有所冲突。金里卡提出,群体权利往往被理解为与个人权利相对立的一种共同体所具有的权利,权利的主体是集体、群体或共同体。上文已在对"少数群体权利"中的"少数性"探索的过程中明确了这一概念的权利主体的涵盖范围;而无论"群体""集体"

[①] 少数群体权利是个体公民权利的替代还是补偿,取决于不同的多元文化主义者,他们对自由主义人权的理解不同,对少数群体权利的主张也有所差异。

还是"共同体",其覆盖范围或是远远超过了少数群体,或是与少数群体的指涉领域有重大区别。例如,"群体权利"可以指行业联合会和公司的权利、与阶级诉求有关的权利、所有公民要求空气净化的权利,这些权利不仅共同性极小,而且作为权利主体的"群体"与少数群体不属于同一视域。因此,群体权利首先在主体的指代范围上与少数群体权利有所差异,因此权利的内容也必然大相径庭。

其次,群体权利或集体权利的概念体现了一种二元对立的逻辑,这种逻辑方式不利于对少数群体权利的讨论。金里卡认为,群体权利或集体权利的概念内在地包含将权利划分为个体权利和群体权利,这种二元分立的对比是错误的。这种逻辑容易造成误导,即权利内容的不同主要取决于权利主体的属性上的区别。例如,在这种个体权利和群体权利对立二分的视角下,少数群体权利问题的讨论就转向个人主义者和集体主义者之间围绕个人权利和集体权利孰先孰后的争论,由此将问题转化为个人与共同体何为优先的问题。金里卡明确指出,这种讨论对于评论西方民主国家中的大多数群体差别权利并没有什么帮助,事实上,对少数群体权利的讨论也远远超过了这种简单争论。[①] 因此,使用群体权利这样的术语,容易将对少数群体权利的讨论"引入歧途"。

最后,群体权利或集体权利容易引发对文化群体的同质性的误解。金里卡认为,共同体(意义下的群体)如果是指一群人,他们由一系列共同信仰、价值或团结感而联结在一起,那么民族群体和族群就被排除出"共同体"的范畴。因而使用共同体或群体来指代少数群体权利的主体,就使本身内容多样的少数群体权利变得含糊不清。群体权利所依据的群体或共同体概念暗含同质化的倾向,而同质化的标准受到共同体概念的影响,将一些少数群体排除出群体权利范围,使得群体权利化身成为有限的

[①] 但并不能因此完全否定对个体和共同体孰为优先的争论的意义。少数群体权利的合法性,很大程度上建立于社群多元文化主义对自由多元文化主义对此问题争论的基础上,因此,否定这一争论的意义,也就否定了少数群体权利的合法性基础。金里卡是自由多元文化主义者,他试图在自由主义和多元文化主义之间进行调和,因此其观点带有自由主义传统;个人与群体孰具优先性问题是自由主义与社群主义争论的核心之一,他指出这一问题不具有讨论意义,极大可能是对社群多元文化主义对少数群体权利的合法性问题的证成进行回避(这样的推测是合理的)。

共同体权利。①

尽管金里卡强烈反对使用集体权利或群体权利来指少数群体权利,但他的目的并非否定少数群体权利的群体性,而是集中于对群体权利或集体权利的概念指代范围的研究,认为这一概念不仅与少数群体权利概念在内涵和指代内容上并非完全对应,并且容易造成对少数群体权利的误解。金里卡分析群体权利的同时强调群体权利的主体是多样性的群体或共同体,并且通过分析"群体权利"或"集体权利"概念的使用对少数群体权利造成不利影响,指出少数群体权利的主体也是多样的少数群体。金里卡明确指出三种少数群体权利:它可以授予一个群体的个人成员,也可以授予一个群体的整体,还可以授予一个群体占多数的联邦州或省。② 这即是说,少数群体权利可以授予群体的个人,也可以授予群体,而授予群体就意味着这一权利只属于群体;同时,少数群体权利授予群体的个人,意味着个人只有具有群体的某些共同特征、享有这一群体成员身份才能获得这一权利,因此,少数群体权利必然具有群体性的特征。

耶尔·塔米尔印证了少数群体权利的群体性。他指出,如果一种权利的正当性依赖于它所促进的善,那么实践一种文化的权利不能被看作一种

---

① 这一点事实上也有待商榷。金里卡意在指责群体权利的主体是共同体,共同体因其概念界定将民族群体和族群排除出少数群体,因此群体权利的实际内容受到错误减缩。然而,他也提出,"群体权利"可以指行业联合会和公司的权利、与阶级诉求有关的权利、所有公民要求空气净化的权利,作为这些权利的主体的群体或共同体并不属于少数群体的指代范畴。因此,金里卡在群体权利究竟是将少数群体权利内容的范围扩大还是减缩的问题上是自相矛盾的。关于"共同体"的争论乃至论辩,在各种学科领域中一直未曾停息,对它的解释因一般描述性意义还是规范性意义的不同而有所区别,即便是在规范性意义上进行使用,也因语境、指称对象和表述目的差异而有不同侧重。Dominic Bryan 在《共同体的政治》一书中提出,"共同体不仅被用来描述一套以地方为基础的社会关系,也被用来指称那些更为广泛的、想象的(甚至是虚拟的或全球的)人类群体。这些群体可能根据文化而界定,比如界定为'种族共同体';或者也可能根据某种假定的共同体特征来定义,比如'同性恋共同体'"。这种描述意义上的共同体实际上具有共同性的人类群体,这种一般意义的共同体并未将种族或民族群体排除出去。如果说这一共同体的定义过于松散,社会学家麦基文(R. M. Maciver)提出,共同体是指生活在一起的人从这种共同生活中产生和发展出某些共同的特点,如举止动作、传统习俗、语言文字等。按照这一较为严格意义上的使用,共同体也承认作为少数群体权利的主体的各种少数群体。因此,金里卡对群体权利的批评至少在共同体的指代范围过大还是过小上是存在矛盾和误解的。

② 〔加〕威尔·金里卡:《多元文化的公民身份》,马莉、张昌耀译,第65页。

个体权利,而只能通过参照其集体的利益而得到判断。① 《加拿大权利和自由宪章》中也明确提出了存在两种权利类型,分别是个体权利和群体权利,后者是由特定群体及其成员所持有的权利。

群体权利并非由于这一权利仅仅能为群体所持有,更主要在于其目标和诉求具有群体的性质。换言之,少数群体权利的内容与其权利主体即群体直接相关,确定权利主体才能使少数群体权利的具体内容得到确定。作为权利主体的少数群体呈现多元化的特性,从而少数群体权利的内容也因此具有多样性。易言之,少数群体权利的群体性也体现为主体的多样性,而探求这种群体性的确切含义,就必然要通过考察多样的主体来实现。

按照本章第一节对少数群体权利的"少数性"的分析,大致可以对少数群体做出梳理。少数群体有许多不同形式,大小不一,如少数民族、原住居民、移民、难民、宗教团体等。金里卡认为,这些群体所主张的少数群体权利根据该群体的历史、属性和现实境遇等方面的不同而显示出差异性。

首先,自治权利(self-government rights)是原住居民和一个国家内部的少数民族②常常寻求的少数群体权利。在多元文化国家中,各个民族和原住民群体都倾向于要求某种形式的政治自治或领土管辖权利。这种自治权利受国际法的有限承认:《联合国宪章》规定,所有人民都有自治权。③ 这种自治权利通常要求发展为一定的政治权力,成为一种由少数群体成员实际上直接统治的政治单位,并且与这些少数群体的历史家园或领土基本一致。

其次,多族类权利(polyethnic rights)是移民群体、宗教少数群体等所主张的一系列少数群体权利的总称。一些移民族群、宗教少数群体具有自己的宗教习惯,这些需求在更大的多元文化社会中存在争议;一些族群要求建立各种公共的文化生活基金会,例如族类协会、杂志和节日基金会等,借由族类研究和族类协会基金会为保存丰富的文化资源的一种途径;要求成立移民语言教育学校和在公立学校中开设移民子女的语言课程。以上这

---

① 〔以〕耶尔·塔米尔:《自由主义的民族主义》,陶东风译,上海世纪出版集团,2005,第34页。
② 耶尔·塔米尔指出,民族群体是非正式的、难以名状的、持续变化的想象的共同体,由于民族群体的这种复杂性和难以界定,给予民族群体以权利非常困难。
③ 〔加〕威尔·金里卡:《多元文化的公民身份》,第39页。

些都属于多族类权利,它们旨在帮助族群和少数宗教群体表达自己的文化特点和自豪,① 以此使他们在主流社会中能够保持尊严和建立文化自信,从而能够在更大的多元文化社会中更好地生活。在这一点上,多族类权利和自治权利存在显著区别:自治权利不仅希望保存族群的独特性,更强调保存群体的独立性,因此,它更希望与生活于其中的更大社会及其主流群体保持一定距离。

特别代表权利(special representation rights)是指在选举和立法机构中,将一定数量的席位保留给少数群体的成员,它通常被视作对政治过程中一些制度性损害和障碍所做出的反应,这些损害和障碍容易造成一些弱势群体与少数群体的利益和观点难以得到有效代表。② 寻求这一权利的群体较为广泛,少数群体中的原住民群体、少数民族、宗教少数群体等③都主张特别代表权利,以保证减少本群体的利益受更大社会决策的影响。

现代民主国家中的少数群体权利包括以上所述的一种或多种,这三种权利可以重叠,少数群体可以主张这些权利中的一种,也可以主张多种,但这些权利彼此不能相互混淆。例如,美国的土著群体基于自己的不利地位可以主张在中央政府中的特别代表权;他们在融入美国这一更大国家之前,已经在他们的原住领土上形成一个运作着的社会群体,拥有一整套以他们自己的语言运作的社会制度,因此,他们可以要求维持"这一"制度必需的语言权利;同时,基于自己的民族地位和身份,他们也可以要求自治权利。同理,经济上成功的移民群体,他们可以寻求多族类权利,但是没有要求特别代表权或自治权利的基础。④ 某一少数群体具体主张这三种权利的哪(几)种,根据少数群体的性质不同而有所区别;多元文化主义的不同派别,对于少数群体应当主张的权利内容有不同的判断。由此可见,少数群体权利的群体性,表现为根据群体的不同而具有内容上的差异性。

少数群体权利的内容按照其诉求性质的不同,可以进行初步划分;不

---

① 〔加〕威尔·金里卡:《多元文化的公民身份》,第45页。
② 〔加〕威尔·金里卡:《多元文化的公民身份》,第47页。
③ 当然,并非所有的这些少数群体都必然寻求特别代表权利,有一些分离主义的少数群体不希望参与民主选举和立法,他们只希望远离更大的社会,因而更希望获得自治权利而非特别代表权。
④ 〔加〕威尔·金里卡:《多元文化的公民身份》,第48页。

同的主体对于权利的诉求存在明显差别。根据少数群体权利的诉求，金里卡将其分为两种。第一种是群体对其成员的诉求，其目的是保护群体免受内部歧异（internal dissent）对群体内部秩序产生的破坏性影响，例如某群体中的个人决定不遵守传统习惯或风俗，它限制的是群体内部成员之间的关系；第二种是群体对更大社会的诉求，目的是保护群体免于受到外部决定（external decision）的影响，例如国家的经济或政治决定，它保护的是各个群体之间的关系。前者被称为内部限制（internal restrictions），后者被称为外部保护（external protections）。

内部限制的少数群体权利常常作为土著人和宗教少数群体所追求的自治权利而存在。例如，美国的部落理事会在历史上一直都免于遵守《美国人权法案》（American Bill of Rights）所规定的权利，在《1968年印第安人公民权利法令》（The Indian Civil Rights Act of 1968）颁布后，部落政府被要求尊重这一法令中的大多数条款，但在对待部落理事会行为的司法审核问题上仍存在一定限制。例如，如果哪位印第安部落的女性成员感到自己的权利被她所处的部落理事会侵犯，她可以向部落法庭提出纠正，但不能向最高法院提请纠正。① （美国印第安部落）埃布洛群体由于不受《人权法案》的限制，因而没有被要求遵守教会和国家严格分离的规定，得以建立一个神权政府，该政府歧视那些不再信奉本部落宗教的成员。对那些已经改信他教的原群体成员，就不再给予他们住房福利。新西兰的毛利人也坚持认为，群体成员有类似的忠诚义务来保持群体固有的文化传统。加拿大的印第安人群体认为，根据《加拿大权利和自由宪章》（Canadian Charter of Rights and Freedoms），他们的自治群落理事会不应当受到司法审核。这些土著群体试图按照群体或部落自己的传统文化和制度，制定或保持属于他们自己的保护群体成员的人权的程序。总体上，这种内部限制的自治权利，是为了避免使土著群体的成员在主流社会的法院中对部落的决定提出司法挑战，从而使得土著群体的部落理事会丧失按照该群体的文化传统处理群体内部关系和事务的权利。

内部限制的少数群体权利也作为多族类权利而存在。通常情况下，移民群体和宗教少数群体可以利用少数群体的合法权利，强制自己的成员继

---

① 〔加〕威尔·金里卡：《多元文化的公民身份》，第55页。

续奉行传统的文化习惯；部分宗教少数群体甚至制定严格的限制条件，提高群体成员脱离群体的难度，以达到防止群体成员离开所属少数群体的目的。例如，在达到法定的入学年龄之前，一些少数群体可以要求把自己的孩子留在学校之外，使孩子减少接受主流社会的学校教育的机会，甚至有权利免除孩子接受教育的义务。这一权利在现实中具体表现为，美国的阿米什派（Amish）允许他们的儿童免于遵守儿童义务教育法，加拿大的哈特派（Hutterites）也被给予类似的教育豁免权。这些少数群体担心，他们的孩子受到广泛的或现代的教育之后，会试图脱离所属少数群体，转而加入广泛的社会或主流群体。

与宗教少数群体不同，通常情况下，移民群体并不具有这些严格的内部限制的少数群体权利。西方民主国家现在仍然普遍坚定地反对如下思想，即来自阿拉伯和亚洲国家的移民应该继续他们的传统习惯，而这些传统习惯往往是限制他们的成员基本权利的，如强迫婚姻、教育上的性别歧视和家族法。也有人尤其是英国的穆斯林领导人，偶尔也提出应依法承认穆斯林关于家庭地位的法律，但目前为止，还没有任何运动要求对"塔拉克"（talaq）离婚方式给予法律上的承认，也没有任何运动提出穆斯林可以不遵守平分婚姻财产的民法。[①] 这表明，在奉行多元文化主义的国家或社会中，并非所有少数群体的多族类权利都具有内部限制，移民与原住民群体和少数民族群体同为少数群体，前两者的少数群体权利覆盖范围更为广泛。

外部保护的少数群体权利通过保障特别代表权、自治权利或语言权利等，减少较少群体受到更大群体伤害的范围，即是说保护独特的少数群体免受主流群体的决策所带来的不稳定性，从而促进同一多民族或多族类国家内部各个群体的平等。

首先，作为自治权利的外部保护把权力转移给了更小的政治单位，从而在做出涉及少数群体的重要决定时，例如资源开发、教育等问题时，少数群体的利益不至于被多数群体的投票忽略或侵犯。其次，作为多族类权利的外部保护可以对群体的特殊文化习俗和宗教习俗提供保障，因为这些习俗并不能在更大的社会里自在地得到充分重视和支持，甚至有时还会受

---

① 〔加〕威尔·金里卡：《多元文化的公民身份》，第59页。

到主流社会的制度和法律的损害，例如取消礼拜日结算的法规，以及与少数群体的宗教信仰冲突的衣着规定。① 作为特别代表权利的外部保护的首要和核心要求是，少数群体在任何能够对自治权利进行解释或修订的更大社会的机构中，例如国家的最高法院，必须保证自己的代表权利能够有效实施。这使得少数群体的自治权利不致在自己不知情或无力反驳的情况下，单方面地被更大社会的权力机构废除。

总体上看，自治权利、多族类权利和特别代表权利都可以用来保护少数群体并起着促进群体间平等的外部保护作用，使得少数群体赖以生存的必要条件不被更大社会所剥夺。金里卡认为，通常情况下，诉诸外部保护的少数群体权利不会与少数群体成员的个人权利之间发生冲突，因为这种外部保护旨在保证多数群体或主流群体与少数群体之间的平等关系，并不关注少数群体与其成员之间是何种关系。易言之，外部保护论述的是群体间公正的问题，而非某些群体权利优先于个人权利的问题。②

少数群体主张外部保护的实例首先存在于土著群体的少数群体权利诉求，他们主张其自治权利可以免于人权法案或宪章的限制。土著群体之所以提出这一要求，原因在于人权法案或宪章极有可能使土著群体受到来自更大社会的主流群体的影响。例如，印第安人依靠某些时效程序（time-honored procedures）来决定双方共同的意愿，而不是通过主流社会定期选举代表的方式，这可能被主流社会视作对民主权利的否定。然而，印第安人认为这种方式是合理的，因为这有助于使自己的族群免于受到主流社会的文化偏见，不至于对群体利益造成损害，毕竟如果承认人权法案或宪章，印第安群体就要遵守宪法的民主程序，但这种民主程序并不是印第安人自己文化所特有的民主形式和习惯。并且，印第安群体并不信任主流社会的联邦法院审核，现实原因是最高法院的白人法官可能以文化偏见来解读他们对权利的要求，历史原因则是这些法院和法官默认了主流社会对印

---

① 与此相类似的是，一些非少数群体也提出作为多族类权利的外部保护，如为妇女、同性恋和残障人群体主张一些权利，使自己免于受到多数人群体的歧视及其决策的影响。
② 按照金里卡的这一观点，群体间公正的问题不能被还原为作为多数群体或主流群体成员的个人与作为少数群体成员的个人之间的公正问题，这也就是承认，群体与个人相比具有特殊的不可还原性。这与自由主义关于个人权利绝对优先、群体权利不具备超越个人权利之外的特殊性的观点相冲突，这体现了金里卡的自由多元文化主义与自由主义相分离之处。

第安人民和土地进行掠夺，并且使主流群体对印第安人的殖民和掠夺被合法化。

少数群体主张外部保护还体现为，一些群体要求特别的狩猎权利、土地权利以及特别代表权利等。仍以土著群体为例，保护土著群体免于受到外部经济和政治力量损害的最有效办法是建立保留地，这一点已经基本为历史所证明。建立保留地的土地政策意味着对土著群体的土地实行共同掌握或者委托控制，土地未经群体的全体同意不可转让。这样可以避免殖民者或主流群体通过经济手段或政治政策等将土著群体的土地全部买下或者没收。加拿大最高法院给予某些土著群体特别捕鱼权，因为捕鱼是他们群体文化的重要方面，明确给予他们特别捕鱼权而并不只是默许他们可以进行捕鱼活动，目的是保证这些群体在决定捕鱼时不会被更大社会的民主投票压倒或否决。

少数群体权利的内部限制和外部保护的区别十分显著，前者指向群体成员与群体之间以及少数群体内部成员之间的关系，后者指向少数群体之间、少数群体与主流群体之间和少数群体与更大社会之间的关系。但因为内部限制与外部保护存在内在相关性，它们之间的具体界限并不容易划定。一些内部限制试图建立一种维护群体权利的制度，从而对群体内部的分歧进行压制。但是，这些内部限制常常受到更大社会的影响，使得少数群体成员更难保持他们传统的生活方式，一些成员受到更大社会的诱惑和推动，与其他群体成员产生了分歧，可能造成他们退出所属的少数群体而进入更大社会，甚至导致所属群体的特殊文化或习俗发生变革乃至群体解体。因此，从这一角度来看，少数群体对自己的成员进行内部限制，目的是限制来自群体之外的影响，迫使人们保持群体文化和传统生活方式。也即是说，内部限制的少数群体权利主张，即便外部社会为群体成员提供了各种可选择的生活方式，少数群体都有权利对其成员进行一定限制，强迫群体成员保持其文化和传统生活方式，降低人们按照自己的意愿来选择良好生活方式的自由。外部保护则主张赋予人们保持自己生活方式的权利，目的是应对更大社会对少数群体文化和传统的直接的负面影响（更大社会对少数群体的影响通常不会使他们更加愿意保持自己的文化），使他们能够更加自由地选择保持原有文化和生活，而不是由少数群体之外的力量决定他们不能这样做。因此，外部保护为人们按照自己意愿选择生活方式的能力提供更多保障。①

少数群体权利作为多元文化主义所追求的核心问题，作为一个复合概念，少数群体权利表现出少数性和群体性的特点。少数群体权利的少数性主要体现为，在广义文化的诸多方面蕴含差别性或差异性，并且蕴含非主导性，即少数群体在所处社会中极易受到主流群体的影响和非公正对待。少数群体权利的群体性主要体现为它是一种群体权利，且这种权利的内容根据权利主体即少数群体的不同而有所差异，它可以属于作为群体成员的个人，也可以属于群体；可以按照自治权利、多族类权利、特别代表权利加以区分，也可以按照内部限制和外部保护加以区分。然而，在分析少数群体权利的群体性的过程中，也呈现出一些值得商榷之处，例如使用"群体权利"概念可能会对少数群体权利问题的讨论造成误导，更重要的是，事实层面上，少数群体权利的内容根据群体的不同而有所不同，但是这并不能解释某一少数群体应当获得的少数群体权利的内容究竟为何。因此在价值层面，少数群体权利的合法性问题仍然需要得到详细论证。

---

① 因为外部保护比内部限制给予少数群体成员更多的自由，因此，以金里卡为代表的自由多元文化主义主张给予少数群体外部保护的权利，同时反对少数群体对其成员进行内部限制。

第四章 少数群体权利的合法性问题

少数群体权利问题是多元文化主义的核心问题之一，围绕这一问题，当代政治哲学领域持有不同立场的学者，如自由主义者和多元文化主义者之间展开了诸多讨论，议题涵盖了少数群体权利的概念、内容、存在方式等众多领域，这些论争的核心即少数群体权利的正当性问题——少数群体权利是否具有合法性。针对这一问题，多元文化主义与自由主义、多元文化主义内部都曾产生过激烈的争论，其中一些讨论至今未达成共识，依然在持续。

少数群体权利的合法性问题，实际上就是这一权利的证成。虽然正当性[①]不完全等同于证成性，但正当性在概念上是从属于证成性的。[②] 少数群体权利的合法性问题除了需要给予正面的多角度论证，还不能也不应回避那些对这一问题保持质疑的意见。除此之外，少数群体权利在现代多元文化背景下的多民族和多族类国家中应当如何建构，也应当得到初步回答。本章从政治哲学视角，详细考察并分析少数群体权利合法性的主要证成路径，探究对少数群体权利保持质疑的观点，寻找少数群体权利建构的合理方式。

第一节 少数群体权利的合法性

少数群体权利问题之所以是多元文化主义研究的核心，除了作为多元文化主义的核心主张而存在，更为重要的是它作为一种权利范畴具有合法性。因此，少数群体权利的合法性问题也是多元文化主义的根本主题，它

---

① 此处的正当性即指合法性意义上的正当。
② 房德玖、陈晏清：《从正当性到合理性——近代社会以来政治合法性主旨的转换》，《社会科学战线》2008年第7期。

是少数群体权利乃至多元文化主义具有讨论价值、能够成为"真"问题的基础。① 少数群体权利是否具有合法性,以及具有何种程度和意义上的合法性,多元文化主义与当代政治哲学的其他各种思想派别进行了旷日持久的讨论,从不同立场和视角提供了少数群体权利的合法性证明,包括历史和现实的必要性、道德理由、文化及文化权利的理由、群体作为权利主体的理由和马克思主义对民族平等的论证。

一 历史根据与现实理由

对于少数群体权利的合法性问题,基于普遍的公民权利的自由主义通常持反对意见。但多元文化主义认为,无论是基于历史的还是现实的理由,少数群体权利都应该得到支持。即使对自由主义来说,少数群体权利问题都不是一个首次出现的新问题。自由多元文化主义认为,少数群体权利应该得到支持,因为它是历史协定②的结果,并且与自由主义的传统相契合;少数群体权利包含于某些群体之间或群体与国家在同意结盟时签订的协定,例如土著人民的条约权利(treaty rights)。这种历史协定的含义是,一些少数群体被并入更大社会的前提往往是在历史上曾达成某些协定,这些协定的内容包含或附带某些少数群体权利,因此,更大社会对于这些少数群体所具有的权威既源于也受制于这些共同订立的协定。

西方多元文化国家历史上存在许多此类协定,其中一些条款或整个协定都基于各种理由已被否定或废止,但也有许多历史协定至今仍然被承认。因为存在这些彼此承认的协定,从而信守这些历史协定就成为少数群体权利合法性的首要证明。尤其是出于自愿而非威逼或无知而签订的协定,通常会在协定中写明某些少数群体权利,从而使遵守这些协定具有法律上和道义上的理由。金里卡提出,这种历史协定应当得到尊重,它关系到尊重少数群体权利中的自治权利,也关系到政府获得人民信任的问题。这些协定及其附带的少数群体权利给相关少数群体成员带来了充分的归属感和安全感,

---

① 即使经过理论分析和争论,少数群体权利并不具有合法性基础,那么,对少数群体权利合法性的研究也是有价值的,它可以厘清多元文化主义的范围。因此,无论少数群体权利合法性研究得出何种结论,作为研究对象,这一问题无疑是一个值得研究的"真"问题。
② 本书谈及的历史协定,是指某些少数群体出于自愿与政府订立的约定,不包括在威逼和不知情的条件下订立的协定。

否定这些历史协定将使得建立于归属感和安全感之上的信任丧失殆尽。

这类历史协定中的绝大多数，是土著居民和少数民族与政府签订的协定。例如，在1867年加拿大最初的联邦协定协商过程中，魁北克人意识到，如果同意加入加拿大，他们就会永远成为这个国家中的少数群体，从而在联邦一级的决议时极易被民主投票压倒。因此，作为交换条件，法裔加拿大人群体获得了语言和教育管辖归属法语省而非联邦政府的权利。可以说，法裔加拿大人获得的少数群体权利是加拿大国家对法裔加拿大人具有统辖权的条件。同时，尽管移民群体往往不存在与政府签订的历史协定，但仍有一些多族类权利也是基于这种协定。例如，加拿大的哈特派信徒（Hutterites）如果到加拿大西部定居，就可得到有关教育法、土地所有法和兵役法的豁免，因为当时加拿大新开发的西部地区需要永久居住的公民，所以上述少数群体权利得到了加拿大移民局的明确承认。以上所述的少数群体权利，基本是基于联邦条件而签订的历史协定中所包含或附带的内容。既然这些历史协定基于自愿，这些相关少数群体权利就自在地具有合法性。

历史协定内在地包含承认某些少数群体权利，但历史协定的理由也存在一些难点，例如对待那些时过境迁而难以解释的内容，或因条件变化而不再能满足少数群体需要的协定内容是否还应遵守？由于历史协定本身具有道义地位，因而不应随便加以修改。如果历史协定及其所附加的少数群体权利有利于改变相关少数群体的不利地位，这种历史协定就不应被废止。如果原先的协定和涉及的少数群体权利的确已经缺乏继续遵守的理由，那么历史协定再作为少数群体权利的证明就缺乏合理性。就此而论，在历史协定之外，少数群体权利还存在其他的合法性理由。

少数群体权利的历史理由并非仅限于历史协定这一种形式，还有另一种原因是基于历史性的补偿，补偿的对象是那些订立非自愿历史协定甚至历史上没有机会订立任何约定的少数群体及其成员。在人类历史上，以土著群体为代表的一些少数群体曾经历过大规模的外来殖民以及与之相伴的掠夺、驱逐、隔离等非公正对待，在相当长的一段时期内遭受了压迫、剥削及边缘化。[①] 种种历史原因导致这些少数群体在经济、政治、文化等方面

---

① 如印第安人曾经历大规模屠杀和强迫参与"西进"运动，纽特人和梅蒂斯人遭受强制性同化。

不具备自由发展的能力,造成结构性的群体间发展差异,许多少数群体在经济上被迫从事一些低收入工作,缺乏维系群体文化的条件,在各个领域遭受主流社会的忽略甚至歧视。也就是说,现实中的族群歧视不是这些受到不公正对待的群体自身所造成的,而应该被视为一个集体负有责任的体制性的问题,有关社会便有义务采取一种弥补或补偿过去所受到的不幸的政策。①

主流社会的发展和繁荣一定程度上建立在对土著居民等少数群体的驱逐和剥削基础之上,而这些少数群体在现实生活中由于历史上遭受的不公正对待而处于劣势地位,因此,给予他们特定的少数群体权利以纠正和补偿这种劣势地位就具备了正当性。例如,美国政府基于印第安人等少数族裔在历史上曾因群体身份受到压迫、歧视等不公正对待给予他们超出一般公民权利的补偿,给予他们不同于主流群体的自治权利和免税待遇;加拿大对统辖范围内的土著群体免除税收;在 2001 年加拿大的爱德华王子岛一案中,加拿大最高法院正式声明,《加拿大权利和自由宪章》第 23 条对语言少数人群体给予差别性权利是为了弥补历史的错误,防止他们被同化。联合国在 2007 年通过的《联合国土著人民权利宣言》中明确指出,土著人在历史上因殖民统治和自己土地、领土和资源被剥夺等原因,受到不公正的对待,致使他们尤其无法按自己的需要和利益行使发展权。② 以上这些实例表明,少数群体权利是对历史与现实等原因造成的不公正状态的纠正,由此可见,历史性补偿的理由同时也符合道义上的公正,是出于道德理由的补偿;历史理由不是一个单一自足的理由,它是被嵌入道德理由之中的,从而为道德正当性的论证提供一定条件和背景。

从历时性上看,承认少数群体权利还具有基于多元文化主义现实的理由。世界上大多数独立国家是文化多样性的国家,由于同一国家内部存在不同的文化群体,这些群体由于文化和利益等方面的差异而产生了一系列重大问题,如语言权利、地方自治权利、政治代表、移民和归化政策等,少数群体与主流群体之间经常就这些问题发生冲突。具体来说,少数群体

---

① 〔法〕帕特里克·西蒙:《对种族歧视的测量:统计的政策性使用》,朱世达、王冬帆译,《国际社会科学杂志》(中文版)2006 年第 12 期。
② 《联合国土著人民权利宣言》,联合国中文网,刊载时间:2007 年 9 月 13 日。

权利已经成为国际关系中的突出问题，1991年欧洲安全与合作大会通过《少数民族权利宣言》，并于两年后成立少数民族最高委员会；1992年欧洲议会通过了《少数群体语言权利宣言》（欧洲地区或少数群体语言宪章）。少数群体和主流群体之间的冲突常常成为各个国家和地区政治暴力的根源，然而，西方传统的自由民主制度及其所谓"中立国家"政策对此无法提供解决方案，传统的普遍公民权利理论也并不能减缓或化解这些难题。因此，多元文化主义者认为，基于世界范围内的各个国家文化多样性和群体冲突的现实，需要用少数群体权利来补充甚至代替传统的自由主义普遍公民权利理论。

二 文化与文化权利的正当性

少数群体权利蕴含于多元文化主义的诉求，少数群体主要指文化少数群体。少数群体权利使文化少数群体维护自己的特殊文化得以可能，而文化无论对于作为公民的个体还是作为文化少数群体的成员都具有重要的基础作用，尤其对于后者而言，独特的文化是文化少数群体成员认同感的来源和保障，同时也对保存一个国家内的文化多样性具有积极意义。本书第一章对多元文化主义概念的语义学分析中，着重对概念中的"文化"进行了辨析，对文化的一般含义以及多元文化主义语境下文化的内容和特征进行了较为详细的阐释，对文化的重要作用进行了初步论证。正因文化对群体成员具有不可忽视的重要性，少数群体权利作为保护其群体文化的手段就具有了必要性和一定的合法性。

文化为人们带来归属感。人们希望在自己的文化中是合乎情理的，因为无论拥有何种生活目标和期待，个体成员在自己文化中所获得的认同感和归属感都不可被剥离。文化归属影响他人如何看待和理解一种文化群体的成员，也影响成员的自我认同。对于这一点，查尔斯·泰勒的承认政治理论曾给予了有力论述，他认为，对一种文化采取歧视的态度将使文化的成员被迫接受自身卑贱低下的形象，并将这种形象内化于自身，造成"扭曲的承认"，从而形成现实中的扭曲和压迫并引发文化群体间的冲突。就此而言，人们的自尊与他们所属文化群体所得到的尊重唇齿相依，形成了一种纽带关系，如果个体所在的文化群体没有得到普遍的尊重，那么作为成员的个人的自尊也会受到威胁。

耶尔·塔米尔指出，文化归属为人的行为附加了意义，人的行为不仅仅是个人的习惯和养成，还构成了文化的创造和文化的再创造这种持续性的创造性努力。共同的文化认同促进成员彼此间的团结和信任，促成群体成员间的合作，并在代际交替过程中使文化群体得以延续。文化少数群体因其在社会中处于明显的劣势地位，其文化容易受到主流群体和更大社会的侵蚀。与主流群体相比，少数群体无论从内在能力还是外在处境上，保有和传递自己的文化必然更为困难。少数群体权利因能够帮助文化少数群体对抗外来压迫性影响，又可使文化的内在价值得以彰显而具有必要性。

有助于保存文化的多样性是少数群体权利合法性的另一理由。对于少数群体来说，少数群体权利诉求的主要目的就是使其文化得以保留；对于更大社会来说，各个少数群体的持续存在就是保持国家和社会文化多样性的直接途径。由于文化多样性也具有内在价值，少数群体权利也就得到了应有的证明。

人类文化自其出现后就呈现多样性发展的特征和趋势，文化多样性是文化发展的内在必然性，因此具有历史的正当性。除了必然性的原因，文化多样性对人类社会的发展还具有多层次的价值。首先，它为社会文化创造和再创造提供必需条件。文化的延续和再创造不可避免地依赖不同文化元素的重新组合。社会中多种不同的文化元素可以诱发文化主体的灵感和创造性，文化发展的机遇与文化多样性程度呈正相关，文化越是多样和丰富，文化的生命力就越强。只有存在一些异文化以供比较，才能使主体对自己的文化进行批判性反思，学习借鉴不同的文化。其次，文化多样性可以提升人们的生活质量，具有一定的审美和教育价值。耶尔·塔米尔指出，正如我们喜欢一种具有刺激性的文化环境，"在这个环境中，我们可以享受日本绘画的精致与优雅，古代希腊雕塑自然主义的完美，现代美国艺术的力量与反讽。我们喜欢文化的多样性因为它拓宽了快乐与丰富可能性的范围，我们珍视文化的多样性不仅因为它提供了不同的生活选择，也因为它是完善我们在自己的文化内部生活、维护作为同一种类不同变体的不同类型的人的一种方式"。[①] 文化多样性不但可以从"准美学"的意义上为人类全体创造一个更为有趣的世界，多样性的文化还包含不同的社会组织选择

---

① 〔以〕耶尔·塔米尔：《自由主义的民族主义》，陶东风译，第20页。

模式和生活方式。在这个意义上,保存文化多样性与保存生物多样性具有异曲同工之处,人们把濒临灭绝的生物视为具有在美学上丰富世界、为人类提供有益基因的潜在可能性的源泉;西方世界对自然的态度日益被认识到是不可持续和自我毁灭的,文化少数群体的传统生活样式为社会提供了一些模式、灵感乃至新的适应环境的可持续关系模式。少数群体权利可以直接维系和促进社会中的文化多元,而文化多样性又具有上述不可忽视的价值,少数群体权利的正当性由此得以说明。

少数群体权利的另一正当性论证基于其文化权利属性,而文化权利内在包含正当性。少数群体权利中的自治权利和特别代表权利带有政治属性,而多族类权利则因为与文化权利在内容和目的上都有所重叠,因而带有文化权利的性质。

文化权利(Cultural Rights)从总体上说是个体或群体获得、创造和享有文化和文化产品的权利。联合国特别报告员斯塔文哈根(Rudolfo Stavenhagen)指出,文化权利指特定社会群体区别于其他群体的物质和精神活动及其产物的总和。鉴于上文所述,文化对个人和人类社会具有显而易见的重要价值,离开这些价值,无论是个人还是人类社会都无法实现自身发展。塔米尔提出,文化权利的基本实质是一种权利保障,保障的对象是人们所过的生活经过他们的思考和评估是有价值的,而不是由历史或命运强加给他们的,即是说,文化权利是让个人生活在他们所选择的文化之中,而不是强迫个人接受他所反对的文化甚至成为其中的一员;文化权利使个体不断创造他们所属的文化,并不断确定和更新这一文化的边界。因此,文化权利就其内在价值而言具有正当性。从现实性上来看,文化权利也已经作为一种人权在联合国和一些区域性文件中得到了承认。例如,目前有50多种文化权利被联合国教科文组织的文化与发展合作办公室分为11个大类,包括物质文化生存权、参与文化群体权、尊重文化认同权、文化内在发展权等。

在国家层面上,文化权利体现了对文化成员身份的承认,同时,它也是文化成员身份的制度表现。英国学者布莱恩·特纳(Brain Turner)提出,文化公民身份最初被视为文化赋权,即有效和创造性地参与民族文化的权利。例如,进入教育机构,掌握一门适当的、"活"的语言,有效地获得文化成员身份,继承并将丰富的群体文化传承至后代的能力。① 麦金太尔则认为,文化成员身份包含两个方面,其一是一种共同的认同,即与他人之间拥有某种共同性;其二是认同共同体的共同体感,即对文化群体的归属感。个体的自我正是在家庭、邻里、城邦、部落等共同体中并通过在这些共同体中的成员身份去发现自己的身份,即文化成员身份是个体对自我的发现。从文化成员身份的本质和内容可知,文化权利是文化成员身份的直接和现实表现,是人凭借自己的文化成员身份行事的权利。因为文化成员身份与个体的自我发现过程具有内在同一性,文化成员身份本身就具有相当程度的合理性,而与之相应的文化权利也就得到了正当性的证明。

总体上看,少数群体权利的直接目的和作用,都是维护少数群体文化,使其能够在更大社会的主流文化占据主导地位的现实状况下,仍然能够得到保存和传承,也为社会的文化多样性提供组成要素。因为少数群体权利确实可以实现其目的,而作为目的和作用的文化和文化多样性内在地具有重要价值,少数群体权利就因其目的的正当性而得到正当性证明。同样地,少数群体权利同时也是文化权利,文化权利内在地具有合理性;又因其是文化成员身份的直接要求和体现,而文化成员身份具有正当性,少数群体权利也因此而得到正当性证明。值得注意的是,无论是文化对人的归属作用,还是文化成员身份体现的人的自我发现过程,都立足于一个文化和文化权利之外的理念,即文化、文化多样性和文化成员身份,对人来说都是一种具有道德意义的"善"。无论是文化带来的归属感和认同感,还是文化多样性为更大社会及其发展扩大的可能性空间,都体现了对公共"善"的追求;无论是文化权利内在包含对个体生活其中的文化的选择权,还是文化成员身份所呈现的个体的自我发现,也体现了个体对有意义的生活,即"善"的追求。就此而言,出于文化和文化权利的理由,对少数群体权利做出的正当性论证,蕴含着后文将论证的道德理由。②

---

① 〔英〕布莱恩·特纳:《文化公民身份的理论概要》,载〔英〕尼克·史蒂文森编《文化与公民身份》,陈志杰译,吉林出版集团有限责任公司,2007,第17页。
② 虽然文化和文化权利的理由暗含道德理由,但道德理由的抽象性和复杂性特征使它并不能替代文化和文化权利的理由,因此后者仍可以独立地作为论证少数群体权利的理由。

三 道德理由

对少数群体权利正当性的论述，最普遍的路径就是来自道德层面的理由，这首先出于"权利源自道德"这一观念的逻辑衍生。虽然众多当代政治哲学家都倾向于从道德视角对少数群体权利的正当性问题进行论述，但道德理由因其基础性和抽象性特点，并不能作为少数群体权利的直接论据。道德话语根据主体的立场和价值偏好的差异而有所不同，因此，从道德角度为少数群体权利寻找合法性依据，必然要从不同的价值理念出发。①

首先，少数群体权利有助于增进自由。② 自由多元文化主义认为，少数群体权利对于个人自由起到不可取代的促进作用，因此，它与自由主义相契合。这是自由主义应当支持少数群体权利的原因，同时也为少数群体权利的正当性做出了证明。少数群体权利与自由主义的理论传统并非格格不入，而是相互契合的，这一点在早期自由主义者的论著中已有显著体现。伯林指出，在人类的基本需要中，归属于一个特定的群体也是一种基本需要，某种共同的联系使他们结合在一起，这种共同联系包括语言、集体性记忆等。③

杜威（John Dewey）提出，个人与社群的归属关系对个人来说十分重要，因为这种归属涉及市民社会中个体的相互影响和相互依存关系，同时还涉及一种以文化成员身份④为基础的共同性意识，这种共同性意识要求年轻人在体现社群特征的传统、见解和利益中被抚养成人，脱离了所在社群，

---

① 通常情况下，政治哲学不同的立场和方向对同一价值内涵的理解有所差别，对不同价值的侧重点也有所不同。因此，不同的价值理念将必然呈现出政治哲学的不同立场和观点，在论证过程中也难免会出现观点的矛盾。这是由道德理由的复杂性所决定的。
② 这一论点的主要论证方是自由多元文化主义者。自由多元文化主义对于少数群体权利的支持态度，自由主义者在相当长一段时间内是予以否定和反对的。一个主要的否定理由是，在基于自由主义的社会制度下，公民的个人基本权利已经足够保证文化群体多样性的发展和文化公正，因此少数群体权利毫无必要。但是，无论是前文所述的历史和现实理由，还是下文将详细论述的增进自由的理由，都可以对自由主义拒斥少数群体权利提供足够的反驳论证。
③ Isaiah Berlin, *Benjamin Disraeli, Karl Marx and the Search for Identity*, ed. Henry Hardy, 2013, p.252.
④ 前文已经说明，少数群体权利和文化成员身份是同一的，前者是后者制度和权利的表达，因此在文中有时会相互替代使用。

所谓博爱、自由、平等就只能是无望的想象。①

自由主义者格林（Thomas Hill Green）指出，团结一致是一个好的社会所必要的，而这种团结一致部分来源于一个交往的共同场所，即源于大家共有的记忆、语言、传统和风俗习惯，尤其是表达情感和思维的共同方式。② 个人通过交往的共同场所和共同的文化而感知自己与国家之间的隶属关系，自由主义民主政体由此成为可能。英国哲学家霍布豪斯（Leonard Trelawney Hobhouse）同意格林的这一观点，他认为个体对所属文化群体的感情是语言、传统、信仰和行为方式的一种混合效用。自豪和自尊与它息息相关，破坏一种民族感情是在某种程度上伤害了依附于它的那些人的自豪感，降低了他们的自尊。③ 穆勒（John Stuart Mill）也十分重视少数群体的文化和情感，认为他们的文化和情感由许多因素构成，这些因素中最为强烈的是对共同政治经历的认同，即对一个民族的历史和继之重新结合的共同体的拥有，与过去同一个事件有联系的、集体的自豪与耻辱、快乐和遗憾。④

这些自由主义者对文化成员身份的肯定态度，体现出他们将人类自由视为与共同的文化成员身份是相一致的，语言、历史和文化社群所共享的文化成员身份呈现出的共同性，并未限制个体的独立存在；与此相反，他们认为，文化成员身份非但与个人自由不冲突，甚至是它的前提。正是文化成员身份所具有的共同性才使个人自由和引导个人选择自己生活的意义得以可能，也使自由主义民主制度得以可行。

自由主义的主要特征就是赋予每个人以一定的基本自由，并将这种基本自由视为人的道德价值基础。这种基本自由的内涵十分丰富，就其与少数群体权利的关联来说，其内涵首先包括个人的自尊。自尊是自由主义视域下个体自由的内在要求和构成要素。如前所述，少数群体权利既可以给予群体，也可以给予少数群体的成员，后者即为特殊的文化群体成员提供特殊权利，实际上是将他们视为个体来尊重，这为保存少数群体成员的个

---

① J. Dewey, *The Public and Its Problems*, George Allen and Unwin, London, 1928, p. 149.
② T. H. Green, *Lectures on the Principles of Political Obligation*, Longman's Green, and Co., London, 1941, pp. 130–131.
③ L. T. Hobhouse, *Social Development: Its Nature and Conditions*, George Allen Unwin, London, 1966, p. 41.
④ J. S. Mill, *Considerations on Representative Government*, J. M. Dent & Sons, London, 1972, p. 230.

体尊严提供了一种不同的视角。基本自由的基本内涵还包括个体的自我认同,归属上的稳固认同,对于个体的幸福和安乐来说尤其重要,它为人们提供可靠的归属安全感。这种自我认同与个体的尊严息息相关,稳固的自我认同是个体尊严感直接和具体的来源。少数群体权利的直接目的就是承认和支持少数群体的文化,为少数群体自我认同的实现提供了条件。

基本自由的更深一层内涵是个人选择何种生活的自由,这种自由意味着允许人们选择关于美好生活的概念,也允许人们重新考虑、修改关于生活规划的选择。认为个人会一成不变地追求在某个时候拥有关于美好生活的特定概念及其最终目的,这种观点既不符合自由的理念,也不符合现实。了解自己的文化和自己之外的他文化,是对如何生活做出明确判断的先决条件。因此,个人必须凭借必要的自由去按照自己的价值理念生活,并且不会害怕因此受到歧视或惩罚,这一点可以被称为"内在自由"。除此之外,人们还需要一种自由来对自己的信念进行反思,基于自己的文化对人们关于生活的信念重新加以审视;这即是说,个人需要一定的自由来认识关于美好生活的多样性存在样态,以及获得考察和审视这些多样性选项的能力,这一点可以被称为"反思自由"。简而言之,内在自由使人能够判断何为有价值的,反思自由使人对可供选择的其他生活方式进行了解。"自由"的这两重含义实质上都包含个体的自我决定。约瑟夫·拉兹认为,如果拥有一种自主的生活是最终的价值,那么,拥有范围足够广泛的可能性的选择就是一种内在的价值。[1] 少数群体权利通过维护各种不同的文化群体的存在和发展机会,为社会保存了多种文化,这些多元的文化为人们反思自由提供了可能的选项,也通过为人们提供接触各种文化的途径和机会来增进个体的自主,使人们有能力来实现选择的自由。既然如此,可以得出如下结论:旨在保护少数群体文化的少数群体权利不但与自由的内涵相互吻合,实际上还可以促进自由的价值。

其次,少数群体权利符合平等的价值理念。值得注意的是,这里的平等价值理念并非仅限于自由主义的平等概念;与其说它扩展了自由主义的平等,不如说它重新定义和解释了平等。鉴于多元文化社会中文化少数群体的现实境遇,很难承认文化少数群体得到了平等的对待。即使自由主义

---

[1] J. Raz, *The Morality of Freedom*, Oxford, Clarendon Press, 1986, p.203.

的一些支持者坚持认为,个人基本权利的平等已经囊括了平等的全部题中之义,但是在多元文化主义者看来,这种平等仅仅是形式上的平等,而平等的实质和落脚点应该是得到平等的对待,即结果的平等。

在当代多元文化社会中,少数群体和多数群体的地位悬殊。文化少数群体的文化生存能力和空间,极容易被多数群体做出的政治和经济决策影响,从而使他们在涉及群体文化生存的关键资源和政策上处于绝对的弱势。然而,多数群体并不会面临如此境况。即是说,尽管少数群体成员和多数群体成员的个人基本权利是平等的,但是这种平等的作用范围十分有限。少数群体权利可以补偿少数群体的劣势地位,促进不同群体及其成员之间的结果平等,因此,从结果平等的意义上看,少数群体权利是必要的,也是正当的。于此之外,少数群体权利是给予文化少数群体以特殊的权利,它虽然常常因挑战了普遍主义平等而被视为对自由主义平等的背离,但在多元文化主义视域下,平等体现为差异平等的样态,少数群体权利因符合这种平等理念而具有正当性。

即使是从自由主义的平等理念来看,由于不同的自由主义者持有的平等理念并不完全一致,少数群体权利也可以被视为与某些自由主义的平等是相符合的。例如,当代自由主义者德沃金的平等理论的基本原则是"钝于禀赋,敏于抱负"(endowment-insensitive and ambition-sensitive)①,其基本含义是人们不因非选择性的要素(例如自然的或社会的天赋)而遭受不应得;人们的境况差异应当出自他们对于自己生活的选择。同时,社会也要为所有人的发展和实现他们的选择提供机会。少数群体成员面临的不平等是来自非选择性的原因,而不是他们自己选择和抱负的结果,而这种非选择的不平等境遇不能通过同质化的个人基本权利得到改善,因此,无论是在自由主义的社会产品的分配平等意义上,还是个体充分参与和社会主要制度容纳的机会平等意义上,少数群体权利都是有必要的,甚至可以构成自由主义平等理论的一个重要部分。总而言之,无论是将少数群体权利的平等内涵视为与自由主义不同的还是契合的,其中所包含的平等诉求都得到了正当性证明。

---

① 参见〔加〕金里卡《当代政治哲学》,刘莘译,上海译文出版社,2011。

最后，少数群体权利符合正义的价值理念。① 弗雷泽提出，社会不正义存在于三个领域，即再分配、承认与代表权。再分配视角主要针对以经济领域的剥夺为代表的分配的不正义，与此对应的正义诉求是实现分配正义。承认视角主要针对文化中立和文化歧视，以及忽视或否认文化群体的特定权利为代表的文化的不正义，与此对应的正义诉求是实现文化正义。代表权视角针对政治领域的政治参与机会和权利的非正义，对应的正义诉求是实现政治参与的正义。经济上的不平等（再分配的不正义）和身份上的不平等（文化和政治的不正义）往往相互交织。现实中，少数群体或是面临着双重的不平等，在经济和身份上遭受主流群体的歧视并被其边缘化，或是面临两种不平等中的一种。为此，正义不仅需要争取再分配的平等，也需要争取文化身份得到承认。少数群体权利通过赋权对文化少数群体的身份给予直接的承认，为他们对抗主流社会的歧视和侵害提供支持，促进文化正义和政治正义的实现；这两种正义是社会正义的题中之义，因而少数群体权利与正义的价值理念是相符合的。

沃尔泽认为，正义原则本身在形式上就是多元的；由于社会不同，"善"应当基于不同的理由、依据不同的程序、通过不同的机构来分配。② 沃尔泽的正义观念主要是一种分配正义，主要指不同物品应当遵循不同的分配原则，正义原则的来源附加于这些物品的文化中所表现出来的意义。人们构思和创造出物品，然后在他们自己当中进行分配；人们构思和创造、分配物品的方式与文化身份密切相关。③ 由此可知，沃尔泽的正义观念反对同质化的正义，主张差异性的分配原则，内在要求尊重个人的文化身份，以及尊重文化共同体的价值和判断。少数群体权利承认不同文化及其文化产品具有各自不同意义，尊重多元的文化和文化群体的价值，这符合沃尔泽正义原则的内在要求。同时，少数群体权利本身也是一种差异性的权利，这也与沃尔泽正义观念的差异性分配原则相符合。

---

① 与平等相类似，正义的内涵即使在自由主义内部也并非达成了全体共识。因此，少数群体权利符合正义，也是从它符合多元文化主义的正义和符合自由主义正义的某些方面两条路来进行论证。
② 〔美〕迈克尔·沃尔泽：《正义诸领域：为多元主义与平等一辩》，褚松燕译，译林出版社，2002，第4页。
③ 〔美〕迈克尔·沃尔泽：《正义诸领域：为多元主义与平等一辩》，褚松燕译，第371页。

少数群体权利也同自由主义的正义理念部分相符,后者的典型代表是罗尔斯的正义理论。这个正义理论包含一个差别原则,其主要内容是社会不平等的前提是它可以对最不利者的劣势处境有所改善。在当代多元文化社会中,文化少数群体往往是这个社会中的最不利者,因此,即使自由主义主张普遍主义和同质化的个人权利,也为照顾社会中的不利者留有余地。少数群体权利是给予文化少数群体及其成员的权利,它不同于普遍公民权,但与自由主义正义理论中的差别原则相符合,用来维护作为社会中的不利者即文化少数群体成员的利益。因此,尽管少数群体权利并非同等地被给予多元文化社会中的每个公民个体,根据自由主义正义理论中的差别原则,它仍然具有不可辩驳的正当性。

总体而言,少数群体权利符合自由、平等、正义的道德价值。它有利于增进自由主义的自主和基本自由,要求实现结果平等和差异平等,符合罗尔斯正义理念的差异原则,同时,它与弗雷泽的正义观念和沃尔泽的复合平等的正义理念也相一致。由此,少数群体权利的正当性获得了强有力的道德支持。

四 群体的理由

自由主义对于权利的首要理解是,权利主体应该是个人而非群体,因此,在自由主义视域下,少数群体权利因其权利主体合法性的缺失而缺乏合法性。然而,群体究竟有没有作为权利主体的理由,这个问题不应该仅仅在自由主义理论中寻找答案,需要通过综合考察"权利"一词前面的定语所具有的意涵,因为共同体的属性与权利主张存在逻辑关联性。① 人权的推进与人权比较分析的关键主要不在于特定性权利,而在于权利所包含与排斥的社会类别,② 因此,少数群体权利正当性问题的一个关键之处,在于明确作为其定语的少数群体具备成为权利主体的正当性。

少数群体在现代政治哲学和政治学语境中对应着内涵不同的行为主体,其群体属性的内涵常常引发争议。根据前文对少数群体的群体性论述可知,少数群体权利的主张与少数群体之间存在根本关联,目前达成的共识认为,

---

① 王军:《少数民族差别性权利的正当性:理论基础与范式》,《民族研究》2007年第1期。
② Ellen Messer, "Anthropology and Human Rights," *Annual Review of Anthropology*, Vol. 22, 1993.

少数群体权利既可以授予作为群体成员的个体，也可以授予群体；既可以单独享有文化权利，也可以兼而有之地享有文化权利和政治权利。这种群体属性——少数群体权利的相关性在世界范围内的各种社会文化中广泛存在。例如，《联合国土著人民权利宣言》就是专门针对土著群体提出的，指出亟须尊重和促进土著人民因其政治、经济和社会结构及其文化、精神传统、历史和思想体系而拥有的固有权利，特别是对其土地、领土和资源的权利。① 这就是说，土著群体的权利是由于其经济、政治、精神传统和社会结构等固有的历史和文化原因而获得了合理性，这也同时表明，土著群体具有多重共同体属性，而社会文化共同体是多重共同体属性中最为基础的，与其相对应的就是共同体的文化权利。不仅仅是土著群体，其他类型的少数群体也是因其成员分享共同的文化和历史而形成的共同体，而这些少数群体的文化共同体属性，为他们享有一定文化权利提供了理由。

许多学者质疑少数群体权利，尤其是一些坚定的自由主义者。他们提出质疑的理由主要基于自由主义的一个传统和根本的观点，即权利属于且只应当属于个体，不存在个体之外的任何权利主体，因此群体不能作为权利的所有者，少数群体权利也因此不具备正当性。然而，自由主义的这一观点并非对权利的唯一解释，社群多元文化主义提出了在个体和权利的关系上与自由主义相异的观点，反对权利属于且只属于个体。

麦金太尔指出，"权利属于个体"这一观点"有些奇怪"。他指出，在中世纪临近结束之前的任何古代或中世纪语言中，都没有可以恰当地译作我们所说的"权利"的表达。② 既然如此，那么权利存在于人类历史上就并非先验的和自明的，更遑论个体权利的先在自明性。麦金太尔据此得出结论：自然的或人的权利不过是一种虚构，不过是一种具有较高特殊性质的虚构。③

在社群多元文化主义者看来，权利以具体的社会规则和社会条件为前提，而这些前提条件必然依托于一定的历史背景和社会环境，它们不是人类社会从来就具有的普遍特征，也不是社会生活所必需的。泰勒也提出，

---

① 《联合国土著人民权利宣言》，联合国中文网，2007年9月13日。
② 〔美〕麦金太尔：《德性之后》，龚群等译，中国社会科学出版社，1995，第88~89页。
③ 〔美〕麦金太尔：《德性之后》，龚群等译，第89页。

人不能孤立地发现自己的身份，而是必须借助于对话和协商。个体认同和人的身份本质上依赖于与他人的交往，这种交往必然基于一定共同的文化背景。因此，个体认同和身份并不具有绝对先验性的存在理由，而是在交往的文化中形成的。与此相对应，个人权利也不是先天的，个人不是道德世界中的根本单位，而是在一定社会文化和社会交往中历史地形成，不能脱离社会文化的语境而存在。

对群体最一般的理解是，它是单个人基于一定共同性而相互联合的共同体。但是，麦金太尔提出，将群体视为单独个人的组合是一种"组合的谬误"。群体并非个人的简单联合，它具有超越个人的、独立的特殊属性和意义；社群本身就具备了某种生命有机体的性质，从而也就具备了作为权利主体所要求的基本条件。① 群体的功能还包括根据其成员的物质和精神需求在群体内部进行资源和利益的分配，如果群体不具备权利主体的资格，就无法实现这种作用。根据社群多元文化主义的理解，群体成员具有共同的文化和传统，也具有共同的认同感和归属感。因此，权利主体并非仅限于个体，权利必须指向群体；权利本质上是人与人之间的社会联结，依赖一定的社会文化和条件，而社会联结和社会文化都是以一定的群体或共同体为单位的，因此，权利与群体之间存在相互支撑的关系。正如美国社会学家丹尼尔·贝尔（Daniel Bell）所言，个人权利无法脱离群体概念长期存在，甚至权利这一观念本身就意味着存在一个共同体，因此，群体本身也具备作为权利主体的正当性。

承认群体作为权利主体的正当性，是对权利发展的新趋势的一种回应。近些年来，各种国际公约或宣言已经承认或默认群体权利，一些权利如发展权、和平权、民族自决权、语言或文化保护权等也被称为集体性人权，它们是依据某一群体的文化成员身份才享有的权利。实际上，这种承认的对象是给予群体成员的少数群体权利，而不是对属于群体总体的少数群体权利；前者通常被称为集体权利（collective rights），后者则被称为群体权利（group rights）。

群体权利因为明显的主体属性，其作为权利主体的合法性比集体权利更符合直觉，然而，即使是作为集体权利的少数群体权利，也包含对群体

---

① 俞可平：《社群主义》，中国社会科学出版社，2005，第35页。

作为权利主体的承认,因为集体权利寻求发展和保护属于自己的文化性状,强调基于文化成员身份和资格的集体性认同;获得这种集体权利的基础是归属于一种文化少数群体,即具有某种文化成员身份和资格。沃尔泽认为,这种身份和资格是权利的基础。任何人都必然归属于一定文化群体,因而抽象地谈论个人权利是没有意义的,它必须通过某种群体成员身份或资格而得以呈现。在沃尔泽看来,正义理论始于成员资格,它必须在某一时期且在同一时期维护(有限的)封闭权利,否则,共同体和现有共同体的政治包容性根本无法存在。[①] 只有作为某一群体的成员,人们才获得分享社会基本善的权利,因为这些基本善都是社会公共生活所提供的。在这一意义上,权利本身就属于群体成员身份。易言之,文化成员身份是个人享有的文化认同的权利以及保持自己的语言、宗教、生活习惯等方面的资格,它建立于群体的共同性基础即文化之上。因此,文化本身的含义也决定了少数群体权利的群体属性。

总体看来,少数群体权利按照给予少数群体整体还是少数群体成员,可以分为群体权利和集体权利。基于社群多元文化主义对社群和群体的理解,群体的主体属性得到了合法性证明;根据权利和文化群体成员身份的关系的论述可知,集体权利也存在群体性,这种群体性体现出群体作为权利主体的正当性。由此,群体作为权利主体的合法性得以证明。

第二节　对少数群体权利的质疑

尽管多元文化主义从各个角度为少数群体权利提供了支持性论证,但由于少数群体权利对自由主义的哲学基础及其国家建构提出了根本挑战,自由主义在修补自身理论的同时,不曾放弃对多元文化主义及少数群体权利的质疑,这是自由主义者维护自身理论立场的必要的自我要求。对少数群体权利的探索,不应忽视自由主义者和其他学者对其提出的新质疑,对这些质疑保持思考和研究的态度,是多元文化主义者完善少数群体权利思想的内在要求,即使这一权利暂时不能得到足够的证明,也需要考察它不应实现或不能实现的充足理由。

---

① 〔美〕迈克尔·沃尔泽:《正义诸领域:为多元主义与平等一辩》,褚松燕译,第78页。

一 宽容的限度问题

自由主义者对少数群体权利提出的第一个质疑就是宽容的限度问题,①即多元文化主义广受诟病的"政治正确"(Political Correctness)问题。政治正确问题源自多元文化主义的实践——肯认性行动(Affirmative Action),后者是20世纪60年代由美国时任总统林登·约翰逊签署并颁布的第11246号行政令,其依据是美国《1964年民权法案》,首要目标是维护少数族裔群体成员免受歧视②的权利。在肯认性行动实行之初,因其对少数群体的文化差异性的包容,以及对少数族裔群体成员权利提供保护和补偿而受到各种力量的支持,从而尊重少数群体成员的文化,消除对他们的歧视被广为接受,这种立场和态度所依据的原则被称为"政治正确"。

然而,近年来,由于欧洲和美国的难民危机问题和恐怖主义日益严峻,以及美国白人学生认为自己在接受高等教育的机会上受到"反向歧视"③,使本意在消除身份歧视的肯认性行动引发了西方社会舆论对政治正确的反感和质疑;伴随对肯认性行动和政治正确的质疑,多元文化主义政策和少数群体权利问题也被重新审视。人们不再对自由主义不包容少数群体权利而进行质问;与此相反,人们认为多元文化主义对少数族群权利过于宽容,以致新的"不公正"问题层出不穷。在这一背景下,人们对于"政治正确"的态度由赞许和支持转为排斥,"政治正确"逐渐成为一个人们反感但仍需要表面上给予支持的政治立场。齐泽克在2015年11月巴黎恐怖袭击发生之后,发表了《多元文化主义的"政治正确"有什么问题》一文,对多元文化主义就少数群体过于宽容的态度进行了犀利批判。他提出,多元文化主义为少数群体个性化的生活方式进行辩护是极其错误的,因为它掩盖了不同生活方式卑劣的一面——暴力、性别歧视等,削弱甚至取消了自由主义

---

① 自由主义自身也面临着宽容的限度问题,即如何宽容不宽容者的问题。尽管自由主义者尚未对这一问题做出令人满意的回答,但这并不妨碍他们对多元文化主义提出这一问题。
② 免受歧视的领域主要集中于教育和就业,但并不排除少数群体和弱势群体在其他社会领域反对歧视的要求。
③ 白人认为,肯认性行动给予本不应获得机会的少数族裔的申请者以入学名额,从而使自己的权利遭受侵犯;他们认定,如果选用择优录取标准,公正的理由会因他们在竞争中更为优秀而给予他们录取机会。因此,他们认为由于自己是主流群体成员而受到歧视,因为这种歧视与少数群体成员曾遭受过的正好相反,从而被称为"反向歧视"。

价值对少数群体权利问题进行评论和质疑的资格。自由主义者往往担心自己被冠以政治不正确之名，无法对多元文化主义盛行引发的负面问题进行自由评价。

对于自由主义者提出的这一指责和担忧，多元文化主义呈现出一种有口难辩的情状。从现实层面来看，公众对"政治正确"的厌恶确已成为事实，批评家和学者因此不敢轻易挑战少数群体权利相关问题；在这一情况下，他们似乎被剥夺了话语权。但在回答对多元文化主义的质疑之前，有一个更为基础的问题应得到合理解释："政治正确"完全是由多元文化主义造成的吗？它涉及一个更为根本的问题，即有没有一种理论可以克服多元文化主义造成的这一缺陷，并同时能解决少数群体的不利地位问题？

自由主义并不能对这两个问题给出肯定回答。德沃金认为，肯认性行动没有侵犯任何人的权利，认为其造成"反向歧视"的观点是站不住脚的。他提出，假如一所大学把促进种族平等和维护多样性文化作为其使命，那么在评估申请人时，其族裔文化背景被纳入考察因素是具有正当性的，只要申请人可以为大学实现其社会使命提供帮助，因为大学录取与道德无关，它不应是一种奖励美德的荣誉，录取申请人的目的并非奖励他们的某些特有属性。因此，不能轻易断言肯认性行动导致了对白人学生的"反向歧视"，判断多元文化主义造成"政治正确"更是缺乏理论支持。

近些年来，多元文化社会中的群体冲突时有发生，然而，少数族裔群体尤其是非洲裔黑人在社会地位上与主流群体仍存在巨大差距，从侧面证明少数群体权利仍然需要继续推进，多元文化主义并未给予少数群体权利以超出正义程度的宽容。但少数群体权利的确引起了一些社会问题，例如，它不能将所有不符合获益条件的少数族裔学生剔除出肯认性行动适用范围。因此，合理的解决办法是对少数群体权利的适用制度和政策进行更为精确的设计，而不是因噎废食地废弃少数群体权利和其他多元文化主义主张。

二 "少数中的少数"问题

对多元文化主义和少数群体权利的另一种较为普遍的质疑是，它们无法有效解决"少数中的少数"问题。所谓"少数中的少数"问题是指，少数群体内部存在某些压制弱势成员的个人自由的行为，例如某些少数群体的成员对其他成员进行内部歧视、排斥、压迫，乃至迫害，而这些内部的不公正对待常常是以族群文化的名义进行。因此，一些自由主义者和平权运动的支持者对少数群体权利和多元文化主义提出质疑，他们认为少数群体权利不能够帮助解决性别歧视和性向歧视问题，甚至可能会使这些不平等加剧。

例如，在美国社会涉及少数群体文化成员的刑事案件的审判中，不断出现援引"文化辩护"（Cultural Defenses）的理由，即试图以案件当事人和受害者的少数群体文化成员身份作为理由，为犯罪行为进行辩护。"质疑者指出，大多数文化都有一个让女性被男性控制的原则性目标，这些文化的各种实践形式中，女性都不得不依赖男性，无法选择称为独身主义者或女同性恋者，也无法选择不生孩子。"[①] 基于这样的现实背景，文化辩护根本无法对少数群体文化中的女性或儿童提供免于受到来自男性成员暴力侵犯的保护：多元文化主义国家中的少数群体女性成员，仅仅由于她们来自的群体文化具有较强的男权色彩，她们免受男性暴力侵害的权利就要被削弱，文化辩护的这种双重标准使这些女性得到了不公正的对待。因此，这些质疑者将矛头指向了少数群体权利，认为文化辩护的理由是由少数群体权利提供的。

如前所述，少数群体权利按其诉求内容可分为内部限制和外部保护；少数中的少数问题，实质上与少数群体权利的"内部限制"相关。内部限制的对象是群体成员间的关系，但其最终目标还是使少数群体及其文化能够得到保存和发展的机会，避免其因群体内部歧异造成群体的分裂和瓦解。自由主义者和平权主义者认为，文化辩护的理由正是基于少数群体权利的内部限制。一些少数群体文化中包含对女性和儿童的歧视和家长式对待，如果依据自由主义倡导的普遍公民身份的理由，这种对待女性和儿童的方式是违背平等和公正的，然而，由于少数群体权利得到承认，少数群体内部限制的权利也就相应获得承认，在这种语境下，少数群体对待女性和儿童的方式就不能再称为不平等和不公正。

这种质疑对少数群体权利的正当性似乎是致命的，因为它符合人们基本的道德直觉，即无论基于何种理由，对弱势群体遭受侵犯进行轻判都是

---

① 〔美〕苏珊·欧金：《多元文化主义对女性有害吗?》，李丽红译，载李丽红编《多元文化主义》，第179页。

违背善观念的。但是,这种质疑实际上并非难以应答,因为它包含对少数群体权利内部限制的一种误解。内部限制的根本目的是维系和保存少数群体及其文化,符合这个目的的少数群体权利内容才能获得承认,并非一切内部限制都得到多元文化主义者的认同。一些人宣称,这些限制对于保护群体不至瓦解是不可或缺的,例如一些少数群体中的性别歧视和宗教歧视。但这种主张往往很少得到证据支持:没有证据能够证明,对女性和儿童的歧视以及家长式对待对于维系和保存这个群体的文化是不可或缺的。[①] 所谓对保存群体文化的完整和群体的重要性,往往只是少数群体为这些不公正对待所寻找的借口。事实上,如果不是假借维护群体文化的理由,这些不公正的内部限制会受到更大质疑甚至干涉。当然,并非所有的内部限制都不能得到承认,那些对少数群体的存在至关重要的内部限制仍被承认。例如,美国威斯康星州诉容德尔一案就认可了阿米什人对其成员的限制权。阿米什教派设置障碍来阻止自己的成员离开群体,这一障碍具体就是让自己的孩子在16岁之前离开学校,以降低孩子对群体生活之外世界的了解程度。美国最高法院最终接受了阿米什群体的这一主张。[②] 阿米什教派坚持认为,教育的目的是使孩子们为社群生活做好准备,他们只关心教育对于培养服从群体意志的作用,以免成员受到外部世界的影响而脱离群体,造成群体的瓦解。这样的"内部限制"被视为对群体存亡至关重要,因而获得了一定的认同。而对女性和儿童群体成员的歧视并不具有这样的重要性,因而不能获得认同,这种不公正对待主张的文化辩护理由并非出自少数群体权利,合理的文化辩护只建立在被承认的内部限制基础之上。出于文化辩护的理由对少数群体权利的质疑就此得到了解答。

然而,"少数中的少数"问题并未就此结束,它涉及一个更为深刻的问题,即非自由主义的文化与自由主义文化的关系问题。"少数中的少数"问题的实质是,少数群体对待内部成员的方式和原则与外部社会的道德原则

[①] 同样,也没有证据可以证明,一些少数群体内部的宗教歧视和性取向歧视对这些群体及其文化的存亡至关重要。

[②] 当然,这一案例也遭受来自自由主义者的诟病,因为自由主义认定,形成并修正人们生活目的的能力是一种基本的善,阿米什教派拒绝为自己的成员提供获得这一能力的机会,这是不正当的,即使它有助于维系群体的存在。但是,他们的质疑仍是基于自由主义立场的,所谓修正生活目的的能力实际上是构成自由的首要能力。因此,他们反对的理由仍然是基于自由主义的。

不相符，因此广受争议。现代社会生活中，存在少数群体和多数群体之分的外部社会往往是自由民主社会，生活于其中的少数群体文化通常是非自由主义的。因此"少数中的少数"问题揭示了自由主义如何"宽容"非自由主义文化的问题，也是两者如何共存于同一社会的问题。

自由多元文化主义者金里卡明确回答了上述问题。首先，他认为这一问题应当表述为，自由主义者是否应当把他们的观点强加给那些不接受某些或全部自由主义原则的少数族群。金里卡认为，"他们的观点"应当是一种可辩护的自由主义少数群体权利观念，故一些非自由主义文化要求的内部限制的少数群体权利是存在严重缺陷的。其次，尽管如此，这也不意味着自由主义者可以把自己的原则强加给不承认这些原则的非自由主义群体。他提出，非自由主义国家如沙特阿拉伯政府不公正地否定了妇女和非穆斯林的政治权利，并不能因此认为，沙特阿拉伯政府之外的自由主义者应该对此进行强制性干涉，迫使沙特阿拉伯政府将民主选举权利赋予每一个人；德国政府不公正地否认了土耳其籍的外来工人的第一代和第二代后裔的政治权利（尽管这些人成长于德国文化中），但不能就此认为，德国之外的自由主义者应该强迫德国修改其公民身份法规。将这些实例的主语由非自由主义国家改为非自由主义群体，也会出现相同的问题。

然而，自由主义者对这两种情况的态度存在巨大差别。对于非自由主义国家，自由主义者并不认为有充分的理由和途径加以干涉；但是对于非自由主义群体，自由主义者往往认为，政府应该进行强制性的第三方干涉。即是说，当代自由主义者不愿将自由主义强加给他国，但愿意把自由主义强加给一国之内的少数群体。金里卡认为，这两种立场是内在冲突的，因为质疑前者的理由同样适用于后者，因此，强迫非自由主义文化接受自由主义文化并不具有充足理由。但并非所有的情况下，自由主义都不能对少数群体的内部限制进行干涉。例如上文所说的文化辩护的情境，以及类似的大规模和系统性地侵犯人权的情况，如种族灭绝、奴隶制、酷刑折磨等，自由主义者不应无所事事地袖手旁观，他们有权利和义务公开反对这些严重的不公正。除去这些极端情形，对少数群体进行干涉的临界点很难准确判断，因为少数群体内部限制的严重性、少数群体关于内部限制正当性的认知程度等都十分复杂，以至于难以被充分了解。

因此，对待非自由主义群体，多元文化国家的首要应对方式应该是寻找共识基础进行和平谈判，就基本原则达成一致。在这一过程中，自由主义者应当以清楚地解释其原则内涵的方式开启对话，否则就需要找到权宜之计作为双方和平共处的调解基础。

其次，多元文化的国家可以推动保护基本人权的国际性机制的发展和强化。许多印第安部落已经表现出遵守国际性人权公约的意愿，也愿意回应国际法庭对他们社群中侵犯人权事件的控诉。[①] 这些表现证明，比起多数群体发起的审查，少数群体更倾向于接受国际审查。

再次，对于不同的少数群体在方式上应有所差别。对于移民群体而言，强迫他们接受自由主义原则是正当的，因为移民已经预先了解到自由主义国家对于自由主义原则的推行。[②] 对于非自由主义土著群体，国家应当充分尊重他们的自治权利。对待保持反自由主义传统的少数教派群体，例如美国阿米什和加拿大的哈特教派，他们在与国家签订的历史协议中，已经被赋予不受移民规定限制的豁免权并可保持某些内部限制，除非这些内部限制大规模和系统性地侵犯人权，自由主义者没有将自由主义原则强加于他们的正当理由。

最后，不能仅从文化的某些反自由主义特点得出一种文化是反自由主义的，应当谨慎判断少数群体文化的反自由主义性，因为文化的自由性是一种程度问题而非性质问题。这可以避免将少数群体和主流群体置于截然二分的对立面，也就避免限制群体之间的对话及其寻找共识的机会。

三　破坏团结和分离主义

一些学者尤其是自由主义者认为，少数群体权利会对国家和社会造成极大的负面影响，包括破坏社会团结、造成群体的分离主义趋势、影响社会稳定等。对于多族类权利的质疑之处在于，这些权利可能会强化移民等少数群体的文化习俗和特征，从而使社会生活部落化或"巴尔干化"，阻碍移民融入新社会的进程；一些少数宗派群体获得了不受国家整合要求的豁免权，这种豁免权被视为不尊重国家象征或免于公民义务的特权，这些权

[①]〔加〕威尔·金里卡：《多元文化的公民身份——一种自由主义的少数群体权利理论》，马莉、张昌耀译，第 216 页。

[②] 这里谈到的仅仅是自愿移民群体，对于那些不得不迁移至此的政治和战争难民，自由主义国家的处理方式应当有所差别。

利都可能削弱国家所需要的基础性的社会认同。对于特殊代表权的质疑是针对它只给予一定的利益共同体,这会削弱人们心中的共同团结感。对自治权利的质疑更为激烈,因为它反映了这些少数群体想要弱化与更大共同体的联系。自治权利建立在将人民划分为不同族群的基础之上,每个族群都有自己的领土和历史性权利,从而有可能形成自己的政治共同体,并认为建立在族群认同基础上的较小政治共同体是原生的,同时将国家视为派生的,进而对国家的权威性和稳定性形成挑战。

事实上,历史上自由主义国家的确出于上述考虑,曾经拒绝给予少数群体权利,并采取措施来削弱少数群体成员的文化认同。例如,美国和加拿大政府为印第安儿童设立寄宿制学校,"禁止各种部落习俗、取消西班牙语和法语学习;欧洲各国政府通过各种措施压制巴斯克人、库尔德人和其他民族性少数群体的语言和民族认同"。[①] 这些举措无一例外地失败了,甚至适得其反,使得这些少数群体感觉自己的群体和文化受到威胁,导致了冷漠、怨恨和群体冲突。

由于不同的少数群体权利对应不同的主体和内容,因此,回答对少数群体权利的这些质疑,应当根据不同权利内容进行分别考察和回应。

多族类权利对国家的团结和稳定造成威胁,这是一种缺乏理由的担忧。尽管移民希望通过获得多族类权利来保存自己的群体文化,但这种渴望的实质是对宽容的渴望。移民中绝大多数渴望融入新国家,因此,他们希望广泛参与主流社会。多族类权利有助于实现移民群体参与和融入更大社会的愿望,例如,加拿大皇家骑警队允许锡克教徒获得着装上的豁免权,使他们可以遵循自己的服饰习俗,给予他们这种权利的目的不是允许或鼓励他们退出主流社会,而是使锡克教徒可以更好地融入主流社会。因此,对多族类权利的质疑更接近对新移民的偏见,或是把对种族和民族群体之间不稳定关系的担忧转移到移民群体身上。对特别代表权的质疑也与此类似。寻求特别代表权的少数群体的直接目的是使自己在民主制度中有权利为自己发声,它最显著的作用是促进这些群体成员参与更大社会的民主政治,它们寻求的是更大社会的包容和承认,而不是远离或脱离主流社会。

---

① 〔加〕威尔·金里卡:《多元文化的公民身份——一种自由主义的少数群体权利理论》,马莉、张昌耀译,第235页。

自治权利和其他少数群体权利不同，这种权利约相当于把群体自治权的某些部分转让给了国家这个较大的政治共同体，条件是自己仍保留一些其他权利。因此，自治权利下潜藏着一种主张，即不只存在国家这一个政治共同体，而且不能假定国家的权威优先于要求自治权利的少数群体的权威。因此，承认自治权利的多元文化国家本质上就是缺乏稳定性的，而拒绝给予少数族群自治权利也会强化这些群体的疏远感。就此而言，自治权利使得主张它的少数群体成员获得一种双重身份，即国家基础上的公民身份和所属群体基础上的文化成员身份，这有可能引发个体成员对共同体认同的优先性的冲突。除此之外，由于自治权利通常是依据历史协定而获得的，因而具有历史正当性。因此，主张自治权利的少数群体，在可能性和现实性上都具有分离主义的倾向。沃尔泽提出，如果一个共同体是如此地分裂，以至于一种单一的公民身份不再可能时，它的领土也必定分裂。①

总而言之，多族类权利和特别代表权利并不会在政治共同体内造成分离主义，他们的主要目标和功能都是少数群体成员能更好地生活于政治共同体之中。自治权利的确会对社会团结和稳定构成威胁，但是拒绝给予自治权利同样也会对稳定造成破坏，因此，这对多元文化主义提出了严峻挑战，即寻找多元文化国家中能够促进族群稳定的少数群体权利体系或其他理论。

多元文化主义为少数群体权利提供了证明，但对少数群体权利的质疑从未停止，从这些证明中也无法找到对这些质疑的全部回答，例如自治权利潜在的分离主义倾向。因此，少数群体权利和多元文化主义的前景也需要在新的历史和现实条件下重新加以考察。

---

① 对于自治权利的这种分离主义倾向，金里卡认为，自由主义应有的态度是考虑这些拥有高度自治权利的群体脱离原先的政治共同体，因为这种脱离在道德上没有反对的理由。他给出的理由是自由主义根本关注的是个体的自由和福祉，而不是国家的命运，并且脱离也不必然侵害个体权利。这对于任何一个致力于维护统一和完整的国家来说是不可思议的，因为稳定是任何政治共同体的需要，即使是在自由主义视角下，稳定的社会和政治环境也是个人福祉的重要保证。

第五章　西方多元文化主义的前景

二战后，大量移民的涌入促使西欧某些单一民族国家逐渐过渡为多民族国家。多元文化主义在20世纪80年代传入欧洲之后，一度成为各国政府制定处理民族关系政策的原则，以应对民族和文化日益多样化的社会现实。自多元文化主义流行以来，关于国家内部文化多样性和少数群体权利的各种观念处于不断变化的状态，西方多元文化国家制定了各种应对少数群体权利主张的政策，在一定时期内促进了这些国家的多元文化的和谐共处，减少了文化群体的冲突。

然而，近些年来，多元文化主义在世界范围内经历了回退。21世纪以来，欧洲的多元文化主义不断受到攻击；近年来，极端恐怖主义的威胁与难民危机频频爆发，美国国内各种文化群体之间的矛盾和冲突逐渐加剧，这些现象对美国社会造成了深刻影响。西方国家一些政要表达了对多元文化主义的否定态度，美国作为实行多元文化主义政策的国家饱受西方难民危机的困扰，引发了公众和学者对多元文化主义的原则和政策的反思和批判。

许多人对多元文化主义的前景表示担忧，认为多元文化主义即将失败甚至已经失败，对少数群体权利也持否定态度。他们的主要理由是，根据多元文化主义制定的民族政策和文化政策，少数群体权利的主张削弱了这些多元文化国家内部的国民特性，成为群体矛盾加剧的导火索和欧洲与美国社会不稳定的罪魁祸首。因此，许多学者认为多元文化主义在世界范围内开始回退，有些学者甚至就此认定多元文化主义已经终结。在这种背景下，一些学者仍然坚持多元文化主义的前景是乐观的，他们认为多元文化主义及其主张的少数群体权利的确存在一些不足，但多元文化主义的回退和衰落仅是局部和暂时的现象，产生这一现象的原因是多重的，多元文化主义在不同国家中衰落和回退的原因也各不相同。

多元文化主义的现状究竟如何，是否符合"回退说"和"终结说"，需要通过考察这些国家中多元文化主义实践才能得出结论。多元文化主义和少数群体权利的前景是一个充满争议的问题，应当将其置于近年来的社会现实和各种反对意见下重新审视和评判。

第一节　多元文化主义的回退

近些年来，多元文化主义屡屡遭受质疑。欧洲和北美实行多元文化主义政策的国家承受着国家内部持续的族群矛盾和冲突，一些学者和政要认为矛盾冲突是多元文化主义造成的，从而对多元文化主义丧失了信心。考虑、分析实行多元文化主义政策国家的现状，系探讨多元文化主义前景的起点。

曾经支持多元文化主义的欧洲各国逐渐开始反思，甚至抨击多元文化主义，其直接原因是欧洲大规模外来移民的进入导致社会冲突愈演愈烈。一些学者认为，西方社会正在经历自二战之后最严重的文化安全危机。2000年，荷兰社会学家保罗·斯海弗（Paul Scheffer）在《新鹿特丹商业报》上发表《多元文化的闹剧》，针对多元文化主义造成的社会问题提出批判。丹麦人民党也打出"丹麦是丹麦人的"口号，排斥移民群体。2002年，荷兰右翼民粹主义领袖皮姆·富图恩（Pim Fortuyun）被一名荷兰公民谋杀，富图恩曾经表达了对多元文化主义和伊斯兰教的强硬态度；2004年，荷兰人特奥·梵高（Theo Van Gogh）被一名摩洛哥移民谋杀；2005年，英国发生了自杀性爆炸恐怖袭击事件，实施者是几个来自移民家庭的年轻人；同年法国郊区发生了为期三周的暴力事件。这些事件都被渲染为多元文化主义已经失败的依据。

此后，欧洲接连发生的恶性事件更加剧了公众和一些学者对多元文化主义的质疑。2011年7月22日，挪威发生了震惊世界的爆炸和枪击案，这场惨剧导致了90多人死亡，凶手安德斯·贝林·布雷维克曾批评挪威的移民政策过于宽松，由于多元文化主义使外来移民特别是穆斯林大量涌入欧洲，而这场袭击正是他用以保卫欧洲和基督教的"圣战"，从而提醒欧洲人他们的土地和信仰已被"入侵"，这一事件的原因被归结为本土公民对移民或异族的排斥和仇恨。英国伦敦则在2011年8月6日发生大规模骚乱，导火索是一名非洲裔黑人平民被警察打死,由此引发的示威活动演变成波及全英国多个城市的大规模暴力骚乱事件,参与者多为有色人种的高龄移民。英国实施的多元文化主义政策没有解决种族、民族歧视,政府对社会福利的削减使得少数族裔移民群体在大学教育和社会保障方面的权益被削弱,造成他们对自身的境遇的强烈不满,少数群体尤其是有色人种的移民群体在社会融入上遭遇了巨大阻力并引发了严重冲突。在实践意义上,这些恶性暴力事件证明多元文化主义在欧洲的落败。

欧洲多个国家的政要也分别对多元文化主义做出过评价,有的直接宣称多元文化主义已经失败。德国总理默克尔在2010年10月17日的一场集会上发表演说时提出,德国构建多元文化社会的努力宣告彻底失败,德国人和来自其他文化背景的人无法和谐共存,并建议移民学习德语以期更好地融入德国社会。英国前首相卡梅伦在2011年2月5日德国慕尼黑安全政策会议上表示,根据多元文化主义的信条,英国鼓励不同的文化各自生存、彼此分开、远离主流。然而,英国未能提供一种令他们想要归属的社会理念,他们的行为方式彻底背离了英国的价值观。因此,英国需要重新强调统一的国家认同以及平等、自由等自由主义价值,并且采取行动使穆斯林青年融入英国社会,防止他们转向极端主义和恐怖主义。法国总统萨科齐则在2011年2月10日直接表示,多元文化主义已经失败,因为法国过于关注移民对自我的认同问题,却没有充分关注他们对国家的认同。

一些学者认为,欧洲在移民剧增的情况下仍然实行多元文化主义,这些新进的移民大多属穆斯林群体,具有对自身宗教文化极其坚定的认同,从而对欧洲的社会聚合构成威胁。某些少数群体借口主张自治权利,实际上是尝试建立一种少数群体内部的独裁统治。少数群体权利中的自治权利没有减少对于少数群体的歧视,反而由于其带有的分化属性削弱了欧洲社会少数群体对国家的认同。这些社会中的某些少数群体抱怨道,多元文化主义政策没有在社会生活的各个领域为其带来收益,却使他们被迫与主流社会产生对立。许多原来支持多元文化主义的政党,也纷纷不再支持多元文化主义政策,转而强调社会凝聚和整合以及国家认同。这些都可以证明多元文化主义政策在欧洲的失败。

作为多元文化主义的发源地,北美的情况也不容乐观。事实上,在20世纪90年代,亨廷顿早已深刻地洞察到,未来人类社会冲突的主要根源是不同文化背景的民族之间的文化冲突。因此，亨廷顿重点关注的是美国文明与其他文明之间的关系，但在不久之后，他的关注重点变换为国内不同少数群体文化之间的冲突，并指出这些冲突极有可能对国家文化安全构成挑战。他举例论证，美国的移民群体正在借助少数群体权利试图推动双语教育和语言多样化发展，降低英语在社会生活中的重要地位，使美国的国家认同逐渐"碎片化"，从而成为美国文化和社会安全的"最大威胁"。加拿大学者马克·斯坦恩（Mark Steyn）在 2008 年出版的《美国独行：我们所知世界的终结》（America Alone: The End of the World as We Know It）一书中，深刻地批判了西方社会的多元文化主义和政治正确，指出"没有主见的多元文化主义"极其愚蠢，并反对以多元文化主义为理由宽容伊斯兰文化，因为伊斯兰文化本身对别的文化并不宽容并且歧视女性。

哈佛大学研究员贺西·阿里（Ayaan Hirsi Ali）提出，正是多元文化主义造成了"国中有国"，这使得极端主义者如虎添翼；多元文化主义的理论是错误的，因为它衍生了这样的理解：移民群体可以自行其是、没有必要忠于国家，因为国家对于移民来说只是借来获取护照或社会福利的机器，跟同一个国家内的其他人交流和培养感情并不是必要的。美国学者埃内斯托·卡拉万特斯（Ernesto Carabantes）在《从熔炉到巫婆的海釜：多元文化主义如何削弱了美国》（From Melting Pot to Witch's Cauldron: How Multiculturalism Failed America）一书的前言中指出，多元文化主义政策下的当代墨西哥裔美国移民仍保持强烈的墨西哥文化认同，这使得他们无法适应美国特性并阻碍了他们对美国的国家认同。许多学者认为，多元文化主义正在将美国碎片化，美国国家文化没有能把来自各国的穆斯林移民同化，反而有被同化的危险。总而言之，多元文化主义使美国在面对少数群体，尤其是移民和难民群体带来的新问题时十分软弱、不堪一击。

许多学者和政要认为，欧洲和美国出现的种种少数群体冲突多由多元文化主义政策直接或间接造成，而这些认可和践行多元文化主义的国家并不能借助其理论和政策加以应对。简言之，多元文化主义并未帮助这些国家成功化解少数群体之间的矛盾，反而加剧了冲突。因此，多元文化主义在欧洲和美国的确遭遇了回退。然而，能否就此断言多元文化主义彻底失败，还需要倾听多元文化主义者对这些新现实的回应。

第二节　多元文化主义者的回应

对于多元文化主义在各个国家回退的现实，多元文化主义者做出了正面回应。金里卡在2010年撰写了题为《加拿大多元文化主义的现状和2008~2010年加拿大多元文化主义的研究主题》的报告。[①] 他首先引用了民意调查结果，以此证明加拿大本土居民和移民群体之间的相互接受情况，以及多元文化主义政策有力地促进了群体和谐。其次，他对多元文化主义在欧洲遭遇困境的事实进行了回溯，并断定欧洲的现在不是加拿大的未来。他在报告中指出，多元文化主义对于加拿大社会整合始终起着积极作用，并未造成族群分离。最后，多元文化主义一直在促进少数群体对加拿大国家的认同而非仇恨。简言之，金里卡并不承认多元文化主义已经失败。

首先，金里卡认为"多元文化主义已经失败"错误地概括了多元文化主义实践的性质。在西方多元文化主义国家中，少数群体权利主要给予了三种形式的少数群体，即土著群体、少数民族、移民群体。然而，这是对多元文化主义和少数群体权利关系的误解。基于这种误解，他认为已经衰落的多元文化主义实际上仅仅是指移民群体获得的少数群体权利，即一种整合移民的理论，而不是各种形式的多元文化主义。其他形式的少数群体权利并未引起明显的少数群体与主流社会或者少数群体之间的冲突，相反地，法律和公共舆论对土著群体和少数民族的少数群体权利的承认已经根深蒂固，例如，很少有人否认，加泰罗尼亚人的区域自治权利有利于巩固西班牙的民主制度，以及加拿大和美国的土著群体获得的自治权利有利于他们更好地生活在现代社会。因此，"多元文化主义已经失败"的观点是一种对多元文化主义有意或无意的误解。

其次，对于移民群体而言，多元文化主义的确出现了回退，但宣称其已经失败的观点实际上夸大了多元文化主义"被抛弃的程度"。金里卡认为，针对移民群体的多元文化主义回退并不是普遍的。在加拿大，对移民

---

① Wiu Kymlicka, *The Current Sate of Multiculturalism in Canada and Research Themes on Canadian Multiculturalism 2008-2010 for Citizenship and Immigration Canada*, Minister of Public Works and Government Services Canada, 2010.

群体的多元文化主义的公共支持一直维持在较高水平；荷兰军队曾经于20世纪90年代抵制文化多样性，但现在已经接纳了多元文化主义，除此之外，荷兰国家内部的弗里斯兰少数群体的权利也因多元文化主义得到了加强；澳大利亚联邦政府摒弃了多元文化主义，但是州政府正在逐渐采纳新的多元文化主义政策。即使是在移民群体中多元文化主义回退严重的国家，其他少数群体权利也得到了增强，例如，多元文化主义强化了英国对历史悠久的少数群体语言的承认，也赋予了历史悠久的苏格兰和威尔士民族自治权利。由此可见，即使是涉及移民群体的多元文化主义也始终处在一种进退平衡状态，从现实来看，认为它已经失败的观点是过分夸大的。

马可·马尔蒂尼埃罗指出，并没有任何证据能够证明多元文化主义的失败，特奥·梵高被谋杀并未引发荷兰国内对多元文化主义政策的质疑，2005年法国的暴力事件也同样不足以向具有同化主义特征的法国多元文化主义移民融合模式发难。[①] 实际上，这些事件可以更多地被解读为，移民所具有的少数群体权利并不能直接提升他们的经济水平和社会生活水平。这些国家的社会现实表明，大批弱势群体移民及移民后代生活在不良的社会经济状况之中。在英国、法国、比利时等典型的欧洲国家，很多年轻人都达不到有尊严和体面生活的最低标准。简言之，经济和社会生活水平的不平等在同化主义社会和多元文化主义社会中，几乎没有区别。当社会不平等现象十分严重，甚至显示出持续和难以逆转的趋势，那些在经济和社会生活中处于不利地位的人总是会借机表达出沮丧、怨恨以及"前途无望"的感受。这并不是由多元文化主义造成的，而是由经济上的不平等造成的，只不过是由弱势群体与移民和移民后代的重叠率较高所导致的。因此，并不能以此宣称多元文化主义的失败。

第三节 多元文化主义在西方世界的前景

根据上文的回应可以得知，多元文化主义者认为，移民群体的少数群体权利的确在世界范围内引发了一些激烈的群体矛盾和冲突，在这一意义

---

① 〔比利时〕马可·马尔蒂尼埃罗：《多元文化与民主：公民身份、多样性与社会公正》，尹明明、王鸣凤译，第19~20页。

上,他们部分地承认多元文化主义的确遭遇了回退,但他们认为"多元文化主义已经失败"这一论断过于夸大。总体说来,多元文化主义者认为,西方多元文化主义的前景和未来是光明和乐观的。

但多元文化主义者也指出,对多元文化主义的前景进行判断和评论,需要一定程度的谨慎。多元文化主义的历史记录表明在多元文化主义取得预期效果之前,必须具有一定的先决条件。① 如果这些先决条件并不具备或不充分,多元文化主义并不能发挥其应有的效用,对它的负面评判也就有失公允。②

第一个先决条件与安全有关,即国家与少数群体之间关系的去安全化(the desecuritization of state-minority relations),这即是说,如果国家在地缘政治上缺乏安全感,就无法公正地对待自己的少数群体。一些少数群体在民族或宗教上与邻国有关,在这些情况下,许多国家倾向于把少数群体视为可能会与邻近敌国合作的盟友,国家不可能同意给予这些少数群体权利。因此,现代西方国家中,国家与少数群体之间并非一种民主辩论和协商的关系,而被视为一种与安全相关的关系,即国家的一项安全事务。

当前,在西方民主国家中,历史悠久的土著群体和少数民族并不存在上述问题。一方面,由于这些群体与国家的一体共存,少数群体与国家共享同一命运;另一方面,这些国家往往不存在可能的邻近侵略者,因此考虑这种少数群体的忠诚与否并无实际意义。因此,当前在大多数西方自由民主国家中,民族政治已经实现了去安全化,国家与少数群体的关系不再同国家的安全性相关。

因此,国家与少数群体间关系的去安全化是多元文化主义得以实现的条件。在寻求安全关系的状况下,少数群体的一切声音都会被国家无视,他们始终被视为对国家不忠诚的安全威胁。因此,他们既不可能被给予任何权利,也不可能得到公正对待——多元文化主义主张的任何少数群体权利都不可能得到国家的承认。在不具备地缘政治安全条件的情况下,多元文化主义并不能减缓国家与少数群体之间关系的紧张性,但这并非由多元

---

① 〔加〕金里卡:《多元文化主义的兴衰?》,高景柱译,载李丽红编《多元文化主义》,第328页。
② 在不充分的先决条件下,多元文化主义不能表现出其应有之义,这并非多元文化主义理论本身的缺陷,据此评价它是充满缺陷和失败的显然不够谨慎。

文化主义或少数群体权利的内容缺陷造成。

第二个先决条件是，少数群体与国家在自由民主的基本价值和个人权利上存在基本共识，即少数群体内部限制的权利不会违背基本的民主和个人权利。现代西方国家中，少数民族获得的自治权利往往与中央政府同样受到宪法约束，不能以"文化正宗"或"宗教正统"的理由来限制个人的基本权利。这种共识条件可以消除主流群体对少数群体自治权利的警惕，即少数群体通过内部限制的权利去剥削和迫害群体成员和那些不属于群体的成员。只有具备了这一共识条件，主流群体才不会以担心侵犯个人基本权利的理由来反对少数群体权利。这两个先决条件也是关于移民的多元文化主义回退的原因。移民群体在欧洲和美国被视为不忠诚的和对抗自由价值的，因为他们对国家安全构成威胁，也对形成国家认同的基本价值缺乏认同。[1]

多元文化主义者认为，这两个先决条件的满足程度，是评判多元文化主义前景的前提，在这两个条件得到有效满足的情况下，多元文化主义的前景是光明的。"公共价值、法律规范方面的宽容、平等、个人自由以及人权革命的基础，所有这一切都在促进多元文化主义向前发展，特别是当这一切被视为有利于反对种族民族的等级制时，情况更是如此。少数群体权利、自由民主和人权这些理念能够轻松共存，这已经成为国内法和国际法的起点之一。"[2] 除此之外，尽管对移民群体的歧视和偏见广泛存在且对多元文化主义的发展造成了阻碍，但这也证明了多元文化主义存在的意义，即通过少数群体权利等政策促进主流群体与移民群体之间的相互了解，在充分理解的基础上减少对移民的歧视、偏见和警惕，使移民群体的社会处境得到提升，从而降低与主流群体发生冲突的可能性。多元文化主义者也承认发展少数群体权利存在一定风险，认识多元文化主义可能涉及的道德风险以及考虑如何避免这些风险，与判断多元文化主义的前景相比更为重要。

在自由主义者看来，多元文化主义的前景并不乐观。多元文化主义引

---

[1] 在安全和共识条件之外，非法移民、国家经济负担、种族偏见等因素也影响着移民的多元文化主义回退，但偏见的存在恰恰反映了多元文化主义的必要性。
[2] 〔加〕金里卡：《多元文化主义的兴衰?》，高景柱译，载李丽红编《多元文化主义》，第331页。

起的主要争议是移民群体在少数群体权利的支持下强化自身的文化认同,其文化与主流社会文化的矛盾引发了群体冲突。多元文化主义要求承认少数群体权利和文化是造成群体矛盾的主要原因。自由主义者认为,公开主张对所有文化的承认,即承认所有文化都具有平等地位,这在逻辑上是矛盾的,因为承认某一文化内部的群体价值,就是在接受其他文化并不尊重的群体价值标准,这是对价值含义的破坏。如果所有的文化都有价值,那所有的文化也就全部没有价值,价值就会失去它本来的意义。[①] 正因多元文化主义的基本原则和价值规范蕴含这样的逻辑缺陷,在实践中必然会遭遇种种困境,多元文化主义的回退只是其理论缺陷和实践困境的现实表现。因此,一些自由主义者提出,把对承认和权利的主张转为消极地避免暴力和压迫,是多元文化主义的一种可能性出路。然而,如果从多元文化主义者的视角来看,这种抛弃自己核心立场的可能性出路,恐怕并不能算作出路。

---

① Giovanni Satori, *Pluralism, Multiculturalism and Estrangement*, Milano:Rizzoli, 2000, p. 69.

第六章 马克思主义视域下的多元文化主义

多元文化主义在西方世界遭遇回退，前景不容乐观，更使多元文化主义理论频遭质疑。那么，如何认识多元文化主义，如何评价多元文化主义的作用和意义，已成为多元文化主义研究的应有之义。

马克思主义思想的历史性和实践性特点为文化研究提供了新路径，其内容的丰富性也为探索文化的本质和价值提供了现实的可能性。马克思主义将精神生活视作人的生活整体的重要构成，包含了大量对于文化问题的思考；在其对平等和解放问题的研究中，也包含对族群和民族问题的分析和考察。尽管马克思所处的时代并非一个多元文化背景凸显的时代，但一方面马克思主义的文化理论和族群与民族理论中包含对多元文化主义核心问题的相关理解；另一方面，马克思主义思想的历史性和实践性也为评价多元文化主义提供了理论依据。

第一节 马克思主义的文化观与多元文化主义

在显性层面，文化问题并非马克思主义研究的核心问题，马克思本人并未直接使用"文化"概念，马克思主义经典理论家也并没有形成完整的文化权利理论。相当长一段时期以来，马克思主义对文化的思考被研究者忽视。随着哲学、政治学等领域对文化问题的研究逐渐深入，越来越多的国内外学者选择从马克思主义思想体系中寻找研究文化问题的理论支撑和方法支持，与此相应，马克思主义对文化含义和文化权利等相关问题的研究也逐渐呈现理论化的趋势。少数群体权利是多元文化主义的核心问题，其内在蕴含的文化内涵和文化价值问题是少数群体权利问题的基础，文化内涵和文化价值可以为少数群体权利提供正当性依据。多元文化主义马克思在实践的意义上对文化进行了解读。文化逐渐形成于物质生产实践活动中，通过与这一实践活动相互作用的关系而得以发展，这一过程必然与人这一主体紧密相关，故人作为实践活动的主体与文化存在根本关联。

实践的直接目的是从自然中获取可供生存的物质资料。人发明了各种达到这种目的的工具，用"自然"来对付"自然"。这些人类的发明属于"精神"方面，应被看作高于单纯自然的事物。[1] 在这一过程中，人类行为对自然产生了直接影响，人对自然的改造过程就是把自己的意志和目的对象化到客观世界，使世界形成人类活动痕迹的过程，自然界成为"人的无机身体"。人的实践活动使自然的世界成为人的世界，即人化的文明世界。同时，人自身也在对自然的实践活动中得到改造。正如马克思所指出的，我们的出发点是从事实际活动的人，而且从他们的现实生活过程中还可以描绘出这一生活过程在意识形态上的反射和反响的发展……因此，道德、宗教、形而上学和其他意识形态，以及与它们相适应的意识形式便不再保留独立性的外观了。[2] 被人改造过的自然为人类提供了充分的物质资料，也使人与自然相互交会。马克思在《1844年经济学哲学手稿》中提出，人的感觉、感觉的人性，都只是由于它的对象的存在，由于人化的自然界，才产生出来的。[3] 人的主体性和能力在对自然进行改造的实践活动中得到提升，其创造性和能动性得到发展。因此，文化就是人化的结果，是属人的，文化和人的存在都不能脱离彼此。由此可知，马克思的实践哲学包含对文化的深刻解读，文化就是实践的产物。

文化的产生是自然"人化"的过程。人的意识和需要通过实践活动转化于外部的客观世界，在人与客观世界之间建立一种为人而存在的关系，这种关系组成了人的文化世界，即由物质形态和观念形态的文化所构成的世界。文化是人和自然的中介，是人的主体创造性的外化，体现了人与自然的相互塑造过程。"随着对象性的现实在社会中对人来说到处成为人的本质力量的现实，成为人的现实，因而成为人自己的本质力量的现实，一切

---

[1] 〔美〕莫蒂埃·艾得勒等编《西方思想宝库》，姚鹏等译，吉林人民出版社，1988，第1401页。
[2] 《马克思恩格斯文集》第1卷，人民出版社，2009，第525页。
[3] 《马克思恩格斯选集》第1卷，人民出版社，1972，第18页。

对象对他来说也就成为他自身的对象化，成为确证和实现他的个性的对象，成为他的对象，这就是说，对象成为他自身。"① 也就是说，文化就是对象化的人的本质力量。

文化的属人性还体现为它属于作为类的人。文化的实践性蕴含了人与自然之间的交互关系，它还蕴含了一种社会性。"自然界的人的本质只有对社会的人来说才是存在的……只有在社会中，人的自然存在对他来说才是自己的人的存在，并且自然界对他来说才成为人。因此，社会是人同自然界地完成了的本质的统一，是自然界的真正复活。"② 人的社会性的形成与自然界的人化即文化是统一的，在文化中，人再也不是孤立个体，而是形成与他人的交往和相互联合的关系。马克思指出，"孤立的一个人在社会之外进行生产——这是罕见的事……就像许多个人不在一起生活和彼此交谈竟有语言发展一样"。③ 就此而言，文化内在包含人与人的交往关系，而稳定的、固定化的交往关系则是形成群体的必要条件。

通过分析马克思的文化观念可知，文化的实质是人的本质力量的对象化，是人的生存样式，其形态包括物质形态和观念形态；文化具有社会性，蕴含人与人的交往关系。多元文化主义视域下的文化是一种"社会文化"，它筑基于共同生活环境和生活经验，为文化群体成员提供有意义的生活方式。由此可见，"社会文化"概念具有主体性和人本性，是建立于人的活动方式和过程之上的文化；这种文化同时强调群体性，即文化建立于一定的社会成员的共同生活之内，由一定成员共享。显而易见，多元文化主义的文化概念与马克思的文化观念在人化和社会性两种意义上是相契合的，即基于马克思主义的文化观，多元文化主义的文化概念具有社会性和实践性的特征。

第二节 马克思主义的族群平等理论与多元文化主义

马克思主义研究视域中的族群问题与民族问题是一致的，其民族理论最基本的观点是民族平等。正如马克思曾提到的，古往今来，每个民族都

---

① 《马克思恩格斯全集》第3卷，第304页。
② 《马克思恩格斯全集》第3卷，第301页。
③ 《马克思恩格斯文集》第8卷，第6页。

在某些方面优于其他民族，这也是说，不存在任何一个民族具有超出其他民族的优越性，各个民族群体之间是彼此平等的。这种民族平等观承认每个民族具有各自特性，认为每一个民族无论其大小都具有自己的本质特点，即具有属于一个民族自身而其他民族所不具有的特殊性。各个民族的特点即是这些民族对世界文化多样性所做出的贡献，它们丰富和补充了世界文化的种类，在这一意义上，一切民族都处于同等地位，每一民族与其他任何民族都是同等重要的。①

这种民族间相互平等关系的现实表现就是反对任何种类和形式的民族压迫与歧视，正如马克思所说，任何民族当它还在压迫别的民族时，就不能成为自由的民族。② 民族关系也是一种体现在民族交往之中的社会关系，其本身囊括经济、政治、文化等多样化的内容。因此，马克思主义倡导的民族平等的本质要求，是各民族都拥有同等的政治地位和社会地位，并且各个民族在国家和社会生活的一切领域内，都享有同等的权利并承担同等的义务。就像一些马克思主义者表述的那样，民族仅仅在发展程度和规模方面有所区别，但是并无优劣贵贱之分，人类文明的进步和发展是基于各个民族共同做出的贡献。

马克思主义提出的民族平等与资产阶级的民族平等有着重大区别，后者仅仅是在形式上给予各个民族以平等权利和认可，实际上仍然存在各种民族剥削和偏见，而马克思主义主张的平等是以解放全人类为目标，实现各个民族在一切方面的平等，即追求一种实质性的事实平等。这种事实性的民族平等内在包含对民族文化权利的保护。马克思主义把民族理解为人们在历史上形成的一个共有语言、共同地域、共同经济生活以及表现在共同文化上的共同心理素质的稳定的共同体。这表明民族与文化紧密相关，民族本质上是一种享有共同文化的人类共同体。真正把人联系起来的是他们的文化。③ 一个民族区别于其他民族的特殊性正是在于其所具有的文化的特殊性。民族的文化特殊性主要体现在语言、思维、生活方式，以及价值观念方面。语言是民族文化最基本的载体，通常情况下，一个民族总是

---

① 中国社会科学院民族研究所：《斯大林论民族问题》，人民出版社，1990，第436页。
② 《马克思恩格斯文集》第4卷，第40页。
③ 〔美〕本尼迪克特：《文化模式》，何锡章等译，华夏出版社，1987，第12页。

具有自己的特殊语言或思维表达方式，生活方式是民族文化体系最基础的组成和直观表现，而价值观念则是民族文化甚至是文化本身最关键的因素。

由此可见，民族与文化是相互依存的一对概念，民族的特殊性主要呈现为文化的特殊性，反过来说，文化的多样性实质上也同民族文化的多样性是一致的。文化多样性即文化在历史态和共时态下呈现出各种不同的形式，这些不同的文化在内容上有着显著差别。民族平等意味着各个民族不存在高低卑劣之分，即表明各种民族文化也不存在任何高低和对错的分别，彼此相异的民族文化之间也是彼此平等的关系。每种民族文化都具有自身存在的历史必然性和独特价值，都值得被保留和欣赏。由此可见，民族平等蕴含民族文化的平等，也意味着不同文化应当获得平等的承认。

总体来说，马克思主义的民族平等理论包含多元文化主义价值理念。首先，马克思主义的民族平等理论包含对文化平等的承认，由于民族在本质上是一种具有文化实质的共同体，它与文化是一种相互依存关系，因此民族平等就包含民族文化的平等。因为各种民族文化之间处于平等地位，所以在马克思主义民族平等理论视域下，任何文化却不可以同化其他文化。多元文化主义的一个关键诉求是承认各种文化都具有自身存在的理由和独特价值，各种文化在应然层面是异质性的平等关系，不存在文化间的歧视、压迫、排斥；少数群体权利的根本目的也是实现各种文化的保存，不被主流群体或者其他群体文化同化。由此可见，马克思主义的民族平等理论包含多元文化主义的文化平等的价值理念。

其次，马克思主义的民族平等理论也包含对少数群体权利特殊性的承认。尽管列宁和斯大林都曾明确提出，任何民族都不享有也不该享有任何特权，[①] 但这一要求在民族平等理论中是从属于平等的，而马克思主义的民族平等主张实质平等和结果平等，即民族平等中蕴含的结果平等相较形式平等处于优先地位，因而否定特权的要求从属于结果平等的要求，因为反对特权的最终目的也是实现民族之间的实质平等。少数群体权利中包含少

---

① 反对任何民族享有特权实际上是具有历史特殊性的，因为提出这一要求的历史阶段，各个民族甚至尚未实现形式上的平等，因此反对特权是为了保证底线性的形式平等。而在民族间基本的形式平等实现之后，结果性的民族平等仍未得以实现，由此可见，反对特权不是民族平等的终点，它从属于结果平等。

数民族的权利诉求，是通过给予处于不利地位的少数群体（包含少数民族）以超出普遍公民权利的特殊权利，补偿他们遭受的不公正对待，并使这些少数群体及其文化得以保存。少数群体权利被给予部分群体而非社会中的全部群体，但是其目的是实现族群文化的实质平等，所以马克思主义的民族平等理论包含对少数群体权利的承认。

总体而言，基于马克思主义的文化观，多元文化主义的文化概念具有社会性和实践性的特征。马克思主义的民族平等理论与多元文化主义都承认文化的差异性和独特性，目的都是实现文化间的实质平等。

作为历时态上先于多元文化主义的理论存在，马克思主义对文化的理解和对平等的要求超越了多元文化主义及少数群体权利的主张。马克思主义的文化观包含对文化的历史性和实践性理解，但多元文化主义的文化概念偏重于强调文化的属人性和社会性，缺乏对文化历史性和实践性的考察。马克思主义的族群平等观念包含对文化的实质平等，但是最终目的仍然是实现人的解放；多元文化主义的文化平等诉求，目的是承认文化的差异性和独特性价值，以及争取不同文化成员的文化权利和政治权利——其目的仅仅局限于马克思主义视域中的"政治解放"，并未达到"人的解放"这一高度。因此，在马克思主义视域下，多元文化主义具有诸多局限性，这也是多元文化主义频遭质疑的深层原因。

第七章　多元文化主义的适用性问题

20世纪90年代以来，多元文化主义学术研究成果大量进入中国，中国学界也出现了大量围绕多元文化主义的讨论，一些学者参照多元文化主义理论对中国的现实进行评价。当前学界对多元文化主义的研究，主要集中于西方语境下的多元文化主义理论和实践。

探讨多元文化主义的前景问题不应仅限于西方世界，文化多样性早已不再是西方多元文化国家的专属特征，包括中国在内的众多亚洲国家同样具备文化多样性的特点，也存在国家和少数群体的关系问题，尤其是随着中国经济发展，吸引了一些入境移民的到来，中国现代社会呈现文化多样性的特质。本章意在探索多元文化主义是否适用于中国现实，中国是与西方社会具有不同历史背景和现实条件的国家，该理论和实践可以为中国的文化多样性和多民族共存的现实提供何种借鉴。

第一节　多元文化主义与中国现实

20世纪90年代以来，多元文化主义思想和大量相关学术作品开始进入中国。各个领域的中国学者从自身学科视角出发，围绕多元文化主义展开研究并形成了丰富的研究成果。许多学者赞同多元文化主义的价值规范和政策设计，将其与中国社会的价值体系、民族政策和现实相联系，认为这一学说同样适用于中国的现实情境。但随着中国学者对多元文化主义研究的逐渐深入，加之多元文化主义在西方国家出现了发展瓶颈，也有一些学者对多元文化主义与中国社会的适应性提出了消极看法。

要厘清多元文化主义对于中国社会文化多样性和国家—少数群体关系问题具有的理论和实践意义，首先应当确认西方多元文化主义所适用的范畴在中国语境下是否仍具有效性。多元文化主义的核心主张是少数群体权利，这些权利的主体是土著群体、少数民族和宗教少数群体、移民群体以及外侨，① 这些少数群体在美国、加拿大和澳大利亚等移民国家以及多元文化盛行的欧洲普遍存在，这些群体的形成与移民国家和欧洲的历史背景紧密相关。基于中国与西方历史发展的差异，多元文化主义的基本范畴在中国语境下遇到了不小的障碍。土著或原住民概念也被称为"第一民族"，它是指在外来殖民者到来之前生活于一地的原始居民，因此，土著群体是海外殖民史背景下的国家中所特有的概念。中国自古以来是一个多民族共存的国家，因而"土著群体"这一概念在中国并无与之相对应的现实存在。同理，现代中国不是一个移民国家，尽管中国确实存在入境移民，但数量较少也较为分散，并未形成类似西方移民国家中稳定的移民群体。同时，中国不存在大量外侨，也不承认难民的移民身份。② 中国也不存在出于宗教迫害迁移而来的少数宗派群体，例如美国的阿米什群体和加拿大的哈特派群体。由此可见，多元文化主义所关心的少数群体，在中国语境下只有少数民族与之相对应，即多元文化主义的核心——少数群体权利，为适应中国的历史与社会现实，只能转换为少数民族权利。

尽管"少数民族"是一个常用概念，但是其内涵在国际视角和中国视角下，所指涉的范围存在重大区别。联合国促进和保护人权小组委员会曾在1971年起草的《关于"少数人"一词定义的决议草案》中，对少数民族的概念界定提出建议，"少数民族"指在一个国家境内居于少数地位，但在其本民族的国家境内处于多数地位的那些民族群体。但这个定义把那些没有自己民族国家的少数民族排除在外。"少数民族"一词于中国语言中的出现和使用具有一定偶然性，③ 结合中国的具体国情，少数民族通常指汉族之

---

① 外侨是指那些不具有永久居留身份和公民身份的移民，通常包括非法移民、难民和超出签证规定时间的非法滞留者。这些人与移民不同，他们不具备合法居留权利和合法身份，原则上应当被驱逐出境。事实上，在各个西方国家都存在大量外侨，他们形成了庞大的社群并从事合法或非法的工作。外侨因其非法身份限制往往处于社会边缘，具有巨大的融合障碍。
② 正如2017年6月23日（新华社贝鲁特2017年6月23日电）外交部部长王毅在与黎巴嫩外交部部长巴西勒的会谈中，谈及中东难民问题时所言，中国坚持"难民不是移民，流离失所的难民还是要回到自己的祖国，重建自己的家园"。
③ "少数民族"一词首次出现在1924年孙中山主持制定的国民党"一大"《宣言》中，在1926年《中共中央关于西北军工作给刘伯坚的信》中再次使用，之后出现于党和国家的各种相关文件，最终在1949年《共同纲领》中确定下来，并沿用至《中华人民共和国宪法》中。

外的其他民族，即那些在人口规模上明显小于汉族，并且具有区别于汉族的民族特征的民族。由此可见，即使多元文化主义核心范畴中的"少数民族"概念，也与中国视角下的"少数民族"存在内涵上的区别。由此可见，即使多元文化主义的"少数群体权利"在中国可以转换为"少数民族权利"，两者的内容也存在极大差异。因此，多元文化主义在中国语境中面临着范畴差异的瓶颈。

其次，西方多元文化主义研究主要针对多民族和多族类国家，其民族和族类构成十分复杂，包含土著群体、少数民族、少数宗派群体、移民群体、非洲裔美国人、外侨等。这些少数群体各自具有多样化的利益诉求和主张，因此，这些国家所面临的少数群体冲突也更为复杂多样。西方支持多元文化的国家也各自具有不同的族群构成，例如，美国、加拿大和澳大利亚都存在为数不少的土著群体，但欧洲国家大多是民族国家，其境内的少数群体主要由移民群体和外侨组成。因此，尽管它们都采用一定的多元文化主义政策，但多元文化主义在不同国家和地区的表现、作用、发展也有显著差异。中国是一个统一的多民族国家，体现出多元一体的格局特征。费孝通先生指出，中华民族是由许许多多分散存在的民族单位，经过接触、混杂、联结和融合，同时也有分裂和消亡，形成了一个你来我去，我来你去，我中有你，你中有我，而又各具个性的多元统一体。① 中国的历史发展造就了中国的多元一体格局，与西方多元文化国家在族群构成上具有根本差异，因此，仅凭借多元文化主义与民族区域自治理论的共通之处，并不能说明这一理论可以直接应用于中国现实。

最后，多元文化主义的价值理念与中国的价值理念内涵也并非完全一致。任何一种价值理念都体现了某种理论立场，正如本书第一章所阐述的，多元文化主义概念的内涵和类别都十分复杂，不同类别的多元文化主义的价值理念也就有所差异。除此之外，从最一般意义上看，多元文化主义的价值理念包含宽容、平等、正义。然而，抽象地谈论这些价值并无意义，判断价值理念之间的关系需要考察它们的具体内涵。多元文化主义的"平等"是基于各种文化的平等价值和平等承认的诉求，强调平等的差异性；多元文化主义的"正义"既包含给予少数群体权利的补偿正义，也包含依

---

① 费孝通主编《中华民族多元一体格局》，中央民族大学出版社，1999，第1页。

据文化身份差异进行分配的分配正义,也强调分配正义的差异性。由此可见,对差异性的特别强调是多元文化主义价值理念的特点。中国社会提倡社会主义核心价值观,其中也包含对平等和公正的追求。平等强调公民在法律面前一律平等,每个公民都平等地享有法律规定的参与和发展的权利,其价值取向是实质平等;公正的基础和前提是人的自由平等权利,它既寻求程序正义,也寻求结果正义。由此可见,社会主义核心价值观并不将其关注点限于文化和政治领域,它关注的是社会的总体发展,因而并不像多元文化主义那样仅仅强调差异性。

由此可见,由于中西方的族群构成差异,多元文化主义研究的范畴在中国并不适用,其价值理念的内涵也有所区别,这些差别使多元文化主义理论并不适用于中国现实。

第二节 多元文化主义的借鉴意义

多元文化主义理论在西方的发展经历了高涨和回落,仍有许多学者试图通过对它的修补和重释来维护和支持这一理论。作为一种当代西方的理论思潮,多元文化主义并不能够直接适用于中国的社会现实,这是由中国的历史和现实的特殊性所决定的。但是,多元文化主义作为一种广泛传播且在世界范围内广泛实践的理论,其理论和实践经验可以为我们提供借鉴。

多元文化主义建立在统一国家内部文化多样性的现实基础之上,这一理论的主要目的和功用是调节多民族国家内部的群体关系、国家和群体的关系。多元文化主义针对同一国家内部的多样性文化,提倡给予这些不同文化以承认和包容。在中国多元一体的格局中,中国可以吸收多元文化主义价值理念的包容性思想,结合中国的具体国情,采取包容性的统一路径。这种包容多样性的统一正是多元文化主义概念中多元性的内在要求。在价值层面,多元文化主义与多元一体格局具有相似的价值意涵,它们都彰显了民族平等、宽容、团结等价值取向,也都以国家和社会的安定和谐为深层目的。①

多元文化主义拒绝在国家文化建构上排斥其他文化,倡导通过平等承

---

① 陈云生:《宪法人类学》,北京大学出版社,2005,第 800~801 页。

认和包容建立和深化民族间的相互交往与合作，以此促进人们对多元社会中的民族关系进行反思和探讨。各民族的文化具有各自的特点，而这些各具特色的民族文化正是形成民族成员的自我认同和社会认同的重要基础。多元文化主义提醒我们，国家建构不应取消人们原有的认同和文化联系，也不应歧视和排斥少数民族文化，更不能自我封闭，拒绝对话、交往和协商。人们尽管在信仰、族属和语言文化上存在差异，但在服从法律并不损害他人权利的前提下，都可以享有和坚持自己的生活方式和文化。

然而，多元文化主义集合了各种类型的政策模式，在欧洲和美国引起一些激烈的群体冲突，这是由多元文化主义的理论缺陷和实践失误造成的。在这一意义上，多元文化主义可以为民族国家建构提供一定的警示意义。

首先，多元文化主义在欧洲的回退一定程度上证明，应当谨慎地对待文化差异，加强对文化价值平等的前提性反思。多元文化主义尊重和承认差异性，因为文化的差异性作为多民族国家的既定事实，不仅丰富了社会生活，还促进了不同民族文化之间的交流，从而对社会进步有所助益。但是，文化差异本身也存在威胁社会稳定和进步的一面。一定的民族与文化差异可能导致族际交流产生一定障碍，甚至产生误读和由误读导致的族际矛盾和冲突。同时，一定民族差异可以适应自己所生活区域的经济与秩序，但与现代化生产规则不相适应。① 欧洲文化群体冲突的现状一定程度上说明，并非所有文化都能够和平共处、共同繁荣。孔子说："君子和而不同，小人同而不和。"即证明，"和而不同"也有前提，文化差异需要在一定条件下才能达致和谐。差异性需要统一性为其引导，这即是多元文化共存的基础和条件。

从文化学视角来看，无论是民族文化、区域文化还是世界文化，都是文化趋同与趋异②的辩证统一。不同文化在发展过程中，无论本质或表现形态具有怎样显著的差异，总会表现出统一性，特别是在全球化时代背景下，文化趋同性的趋势是不可逆转的。因此，对于多民族国家来说，确立和维护一种多元统一的、具有鲜明特征的国家性文化才有利于促进兼容并蓄的政治共同体。然而，多元文化主义导致文化差异性增强，多元文化主义国

---

① 常士䦆：《异中求和——当代西方多元文化主义政治思想研究》，第482页。
② 即不同文化在各自发展中的不约而同性与同质文化在其发展中的差异性。

家关注各种差异性文化的特殊历史背景和权利诉求，保护这些特殊性文化的各自发展。多元文化主义对差异性的这种过度强调，可能会增强以民族为基础的地方性,[①] 并使民族间的差异永久化固定，从而削弱国家的整体性和凝聚力。

其次，多元文化主义实践所遭遇的瓶颈也同时证明，多元文化的共存不应舍弃主导性文化，多元文化不应当无中心化或非中心化。各种差异性文化和谐共处得以可能的重要前提，就是存在一种可以发挥有效整合作用的主导性文化，把分散并存的差异性文化整合为一个和谐共生的整体。一些多元文化主义者天真地认为，不同文化应该处于绝对平等的地位，并且强烈否定主导性文化存在的正当性。多元文化主义的价值理念中包含的平等也主张追求结果上的绝对平等，这种绝对化的结果平等的实质是地位的平均，可能导致主导性文化的缺失从而使得各种文化因缺乏整合力量而成为一盘散沙，危及国家内文化整体的和谐与稳固。一种主张和谐共存的主导性文化不仅能够维护各种民族文化的存在和发展，同时能够实现对这些文化的整合。这对于我国的社会现实来说，就是坚持社会主义先进文化前进方向，大力弘扬中华优秀传统文化，增强文化自信。

再次，多元文化主义不具有超越时空的普适性价值。多元文化主义要发挥其真正作用，国家需要达致一定的安全条件和基本的文化共识。不可否认，在不具备条件之时采用多元文化主义政策，是造成这一政策在欧洲濒临溃败的主要原因之一。这表明，国家要在充分考虑本国实际的前提下选择民族文化理论和相关策略，不能在不具备条件的情况下采用其他国家的政策。多元文化主义的理论和政策直接影响国家内部的文化和谐，甚至是社会和政治的稳定，因此，不能盲从。但是，在20世纪90年代多元文化主义思想传入中国之后，曾经有中国学者认为，多元文化主义具有超越时空的价值蕴含。[②] 根据多元文化主义的发展和它所遭遇的困境来看，它发源于二战结束之后，应用于西方民主国家，但在西方世界中的发展和推行也开始出现困难，因此，多元文化主义既不是一个自古至今贯彻历史的问题，

---

① 〔加〕道·丹尼斯文:《多元文化政策的成就与不足》，李玲玲等译，载阮西湖《加拿大与加拿大人》，中国工人出版社，1994，第235页。
② 陈云生:《宪法人类学》，第549页。

也不是无条件适用于任何国家和地区的问题。

最后,多元文化主义对少数群体权利的主张可能会造成权利与权力的冲突。常士间授提出,权利的确立将人与人、人与社群、人与国家划分开,① 因此,它可以为个人和群体提供保护。如果少数群体的权利主张未被落实,抑或这些主张与国家的政策和原则矛盾,权利与权力就会随之发生冲突。同时,多元文化主义对少数群体权利的确认和主张使少数群体的尊严意识大大增强,有可能导致狭隘的民族主义。因此,在考虑从多元文化主义中汲取应用价值时,应当重视对少数群体义务的加强,避免多元文化主义退化为狭隘的民族主义。

多元文化主义在中国社会的具体条件下和实践中得到了升华。首先,正如习近平总书记在会见基层民族团结优秀代表时表述的"大家要行动起来,一起做交流、培养、融洽感情的工作,努力创造各族群众共居、共学、共事、共乐的社会条件,增强各族群众对伟大祖国、中华民族、中华文化、中国共产党、中国特色社会主义的认同,向着伟大理想去奋斗"。② 这即是要用国家认同的统一性来引导各族人们的文化差异。

其次,还应当以符合中国的价值观念来统摄民族间的差异。习近平总书记强调,"要在各族群众中牢固树立正确的祖国观、民族观,弘扬社会主义核心价值体系和社会主义核心价值观,增强各族群众对伟大祖国的认同、对中华民族的认同、对中华文化的认同、对中国特色社会主义道路的认同。这即是将富有中国特色的价值观念和对国家的认同作为维系文化趋同和趋异之间平衡的重要支撑"。③

再次,应当通过维护团结各族人民,为国家的安全和社会的内部安定创造环境。正像习近平总书记强调的那样,维护民族团结、反对民族分裂,必须依靠包括少数民族群众在内的各族人民。"敌对势力越是想借民族、宗教问题做文章,我们就越是要让各族群众像石榴籽一样紧紧抱在一起,把信教群众紧紧团结在党的周围。"④

---

① 常士间:《多元文化主义是普世的吗?》,《政治思想史》2010 年第 1 期。
② 习近平:《中华民族一家亲 同心共筑中国梦》,《人民日报》2015 年 10 月 1 日。
③ 习近平:《坚持依法治疆团结稳疆长期建疆 团结各族人民建设社会主义新疆》,《人民日报》2014 年 5 月 30 日。
④ 中共中央文献研究室编《十八大以来重要文献选编》,中央文献出版社,2016,第 559~560 页。

最后,应当发扬中华文化的独特内涵,增强文化自信。就是"要讲好中国故事,讲清楚有着5000多年历史的中华文明对'和'文化的崇尚,讲清楚'以和为贵''和而不同''天下大同'等中华文化理念,讲清楚对和平、和睦、和谐的追求深深植根于中华民族的精神世界和文化基因之中,充分展现中国各民族多元一体、文化多样和谐的文明大国形象"①。

第三节 多元文化现实的超越性方案

通过前文对多元文化主义的前景分析和借鉴意义的总结可知,这一理论的实践在世界范围内遭遇了回退,欧洲各国纷纷宣布多元文化主义政策的破产;多元文化主义理论具有各种缺陷,可能导致文化的碎片化发展以及狭隘的民族主义。多元文化主义者通过限制多元文化主义的使用条件和修补其理论缺陷,试图将多元文化主义从各种质疑中解脱出来并寻得继续发展的空间。然而,世界范围内国家间交往关系的变化速度远远快过多元文化主义者对其理论的重释和修补速度。在新的世界发展形势下,多元文化主义理论自身的局限性使其在实践中遭遇重重困境,无法得到解决。

西方世界多元文化主义理论深受桎梏,多元文化主义实践节节败退。多元文化的社会和文化多样性趋势已是当代世界无法回避的现实,面对这一现实情境,我们需要寻找新的可能。

一 一种可能:文化世界主义

"世界主义"(Cosmopolitanism)作为一种思想观念发源于古希腊晚期,源自犬儒学派第欧根尼的主张"我是世界公民,属于整个世界"。其后的斯多葛学派提出世界属于同一城邦,每个人都是世界公民。

作为学术话语的世界主义则始于20世纪90年代,其概念界定存在较多争议。《牛津政治学简明辞典》将世界主义解释为:"人类拥有平等的道德和政治责任,这种责任建立在基本人性的基础之上,排除了国籍、民族认同、宗教信仰、种族以及他们祖籍的影响;所有人类都应被视作道德价值

---

① 高等教育出版社编《中国特色社会主义理论与实践研究》,高等教育出版社,2018,第146页。

的主要行为体,在世界政治共同体中享有平等的公民地位。"① 美国学者托马斯·博格(Tomas Pogge)将世界主义界定为三个方面:一是个体是权利和价值关怀的终极单位;二是个体之间的普遍平等;三是个体权利得到无差别的公平对待。② 通过考察各个学者对世界主义的界定,可以寻找到关于世界主义的一般性认识,即个人是道德关怀和权利的终极单元,所有个人同属于一个普遍共同体并享有平等权利,个人在权利、身份、道德地位和价值追求上具有优先性。

针对多元文化主义理论和实践所遭受的质疑,有学者提出,人们有权利向他们的政治哲学家去索取更好的选择,而不仅仅是处于多元文化主义引发的具有文化排他性的民族主义危机中,这种"更好的选择"具有克服多元文化主义缺陷的可能性,即一种文化世界主义的模式。

文化世界主义是以上所述的世界主义思想在文化领域的体现,它反对排他性的文化边界与文化身份固定论,主张文化领域在持续发生变动,因而不能固守某一特定文化,随着文化的变动进行文化诉求与倾向的修正和重塑。文化是多元的,但不是特殊和相对的。多元性使人们有了更多的选择与再造文化的空间,有助于吸取多元文化的丰富内容,但文化的特殊性、相对性论者则片面强调文化的边界,凝固了个人的特定文化身份。③ 文化世界主义克服了多元文化主义强调文化边界的这一缺陷,故而被认为可作为多元文化主义的替代理论。

首先,文化世界主义的自我观念超越了多元文化主义的自我观念。多元文化主义视域下的文化就是人化,即人总是一定文化群体中的个人,个体的文化成员身份是个体自我的根源。在文化世界主义看来,这种自我观是基于共同体主义的,因为个体的文化成员身份注定了他是某一文化共同体的产物,个人选择受到文化共同体背景的制约;个人需要在一个特定的文化共同体中过一种实质性的生活,并且将这个共同体作为人生意义的源泉。文化世界主义的自我观念是一种后现代的自我观念,它拒绝以固定的文化归属来界定自我,是在各种事业、追求、观念和文化碎片的大杂烩中

---

① Iain McLean and Alistair McMillan, *The Concise Oxford Dictionary of Philosophy*, pp. 123-124.
② Tomas Pogge, "Cosmopolitanism and Sovereignty," *Ethics* 1992 (1), pp. 48-49.
③ 蔡拓:《世界主义的类型分析》,《国际观察》2018 年第 1 期。

居住和生活的一种混杂的自我观念。个体总是与构成个性的元素保持一定距离,自我的作用就是使这些分散的元素彼此协调。文化世界主义的支持者认为,这种混杂的自我观念超出多元文化主义的自我观念之处在于,后者依赖并归属于一种特定的文化共同体,这种归属关系是特定的和固定的,文化共同体也具有固定性,然而,文化领域处在不断变化之中,固定的依赖关系与文化的变动性并不一致。文化世界主义的自我与构成要素之间始终保持距离,因而是流动的和碎片化的,与多元文化主义的自我观念相比,它具有比文化的流变状态更高的适应性。

其次,文化世界主义的文化批判了多元文化主义理论对文化结构的依赖。多元文化主义的一个核心主张是保存少数群体的文化,因为少数群体文化可以增进文化多样性,也因为人们的生活选择都存在于一定的文化背景中;它蕴含着一种依赖关系,即文化身份的意义依赖于一定的文化结构。世界主义者认为,这一观点存在一种合成性谬误,即每一选项都具有文化意义,并不能推导出每一选项必须在一个文化框架或结构中才具有文化意义;选项的意义可能来自各种文化资源,这些文化资源并不一定形成固定的文化结构。因此,使人们获得有意义的选项,并能推断出需要保持文化结构的完整性,只能推至需要多样性的文化资源。文化世界主义将人视为由大量不同的文化资源所构成的异质角色,这些文化资源并非只能以特定文化结构的形式存在;文化资源只是散落在世界各处的可用的文化碎片,这才是文化意义进入人类生活的方式。文化意义并不要求文化结构,因此多元文化主义保存少数群体文化的要求就不具备必然的合理性,而只是一种人为的承诺。文化的产生、发展、改变和消亡彰显了文化的流变性,而保存文化的承诺只是一种人为的任性,并且,这种文化保留会造成文化的停滞状态,而这种停滞并不符合文化的流变特性。在面临改变的情况下,人为地对文化提供保护会严重损害所有社会在面临外部世界时所采用的调试和妥协机制。从这个意义上看,多元文化主义保存少数群体文化的要求也缺乏合理基础。

再次,文化世界主义对文化的理解超越了多元文化主义的文化群体边界。多元文化主义主张,个体具有特定的社会文化,它构成了人们的忠诚感和使命感;个体对于社会文化和文化群体的依赖性,也昭示着特定的少数群体同样依赖于主流社会结构和主流文化群体。例如,多元文化主义尽管保护北美的土著群体，但是，他们仍要不断向主流群体成员提供充分理由来证明自己文化存在的正当性，这就是少数群体与更大社会的真实关系。文化世界主义的辩护者认为，人并不是某种特定文化的产物，而是由各种代表人类本质特征的文化要素所塑造的，这些本质特征超越文化界限而处处存在，即在世界上存在。多元文化主义批判自由主义的一个重要理由是出于这样一个立场，即个体不是原子式的个人，其生活和实践都处于特定的社会文化和社会结构之中。世界主义的辩护者认为，这个逻辑同样适用于文化世界主义对多元文化主义的批判：多元文化主义把文化群体和更大社会限定于多民族和多族类国家之内，而从世界主义的视角来看，文化群体也是某种形式的原子式单位，个体依存于文化群体，而文化群体也依存于更大社会，多民族和多族类国家则依赖于国际社会结构和国际文明。

文化世界主义拒斥以多元文化主义所规定的文化群体为基本的共同体单位，主张以一个更具普遍意义的世界共同体加以取代。多元文化主义强调个体归属于特定文化群体，社会文化和社会生活总是以一定文化共同体为载体，它体现了个体的生存和发展与其他个体的相互依存。世界主义者借马克思的观点来对此进行说明，即马克思所说的生产活动是一种人类活动，其含义是现代社会的人类生产活动是发生在人与人之间的活动，体现的是个体之间的联系，这种联系不必然发生在特定的共同体中，而是已经穿越了世界的界限。这种全球依存性尽管由资本主义发明，但同样也是社会主义不可缺少的条件。

最后，世界主义者批判多元文化主义的价值理念带有"地方主义思路"，并提出世界主义的生活方式才是人的本真性样态。例如，沃尔泽坚持认为，社会分配以个体的成员资格为基础，各种分配原则和正义因其由人所造而带有特定群体和文化的特征。[①] 因此，不存在任何具有优先性或者普遍性的选择，因为对分配正义的每一种具体解释都带有特定群体文化特征，这种特征被世界主义者称为"地方主义"。世界主义者认为，多元文化主义的价值理念指向的价值问题是具有普遍性的，所有国家都对这些问题以及相似问题加以关切，这即是说，这些问题是世界范围内的共同难题。而多元文化主义理论并没有考虑到现代价值理念争议的世界主义特征，它带有

---

① 参见〔美〕迈克尔·沃尔泽《正义诸领域：为多元主义与平等一辩》，褚松燕译。

地方主义性质的阐释就是其内在局限性的表现，例如，多元文化主义的确在解决难民问题等全球性问题时遭遇瓶颈。因此，人类需要的共同体不是国家中某种特定的文化群体，而是一个全球规模的共同体，它能够将多元化的观点加以融合，以此解决全球性问题。生活在这种全球共同体中的每一个体都是世界公民。

查尔斯·泰勒主张，个体的文化背景体现了个体的本真性，一些世界主义者对此提出了不同观点，即世界公民才是人的本真性存在样态，人们生活在一个万花筒式的全球性共同体中，这种充实并富有创造性的异质性生活是现代世界唯一合适的选择。基于此，世界主义者反对少数群体权利，赞同对于少数群体持中立态度。

多元文化主义所关注的问题是多元文化的国家中少数群体与国家的关系，是建立在国家—民族主义基础上的理论。在文化世界主义的视域中，民族问题在本质上是世界的问题。世界主义的视角决定了它与多元文化主义在自我的本质、文化意义与文化结构的关系、共同体的基本单位等问题上具有不同观点。据前所知，多元文化主义实践在世界范围内的回退，使它被视为引起多元文化国家分离主义和新的民族主义情绪的重要因素。文化世界主义作为多元文化现实的一种可能性出路，以其自身视角对文化和人的文化成员身份进行了重新解释，并试图用世界公民身份来取代文化成员身份，用全球共同体来取代传统的文化群体作为人的意义归属。因此，文化世界主义的辩护者认为，在文化世界主义视域下，多元文化的许多难题可以被消解，因此，它可以作为一种更好的选择。

但是，文化世界主义也有其自身的局限。例如，文化世界主义将人视为由大量不同文化资源所构成的异质的角色，而文化资源是没有民族和国家属性的各种文化碎片，即人的文化身份由大量不带有民族属性和国家属性的文化碎片集合而成。在这一意义上，文化身份就无法再为人提供归属感。文化世界主义试图通过世界公民身份来消解民族国家中个体的文化成员身份，这显然与当今民族国家的现实境况不相适应。

多元文化主义在欧洲所引发的文化群体与国家间的冲突已经充分表明，它在处理移民和难民群体与西欧国家的文化差异问题上缺乏有效性。然而，世界主义同样没有就这种文化差异问题给出解答，世界公民身份更是消解了移民身份，毕竟，在所有人都共同属于全球共同体的前提下，移民只是世界公民在地域上的变迁。移民群体与欧洲国家的文化差异，实质上体现了世界范围内不同文化之间的差异，而不仅仅是某一民族国家内部主流文化与某个或某些异域文化之间的差异。这也同时体现出，在当今全球化时代，国际文化差异问题深深影响着国内群体间的文化差异。因此，我们需要一种新的理论，以应对世界性文化差异，处理文化的全球化和文化的民族性之间关系，以及应对自我与他者的文化认同。人类命运共同体就是这样一种具有超越性的理论。

二 超越性方案：人类命运共同体

2012年11月，在党的十八大报告中，首次提出"要倡导人类命运共同体意识"。习近平总书记在2013年3月23日莫斯科国际关系学院的演讲中强调"这个世界，各国互相联系、相互依存的程度空前加深，人类生活在同一个地球村里，生活在历史和现实交汇的同一个时空里，越来越成为你中有我、我中有你的命运共同体"。①"人类命运共同体"强调当今世界各国相互依存、休戚与共，主张促进和而不同、互学互鉴、兼收并蓄的文明交流和对话。它既保存了民族文化作为参与世界文化交流的动力，同时又破解了民族主义对政治共同体的封闭性的依赖。同时，它所蕴含的新的文明观在尊重文化的多样性和差异性的前提下，通过对话和协商来促进不同文化和文明之间的交往与融合，避免文化的禁锢和冲突。

人类命运共同体与多元文化主义存在一定的共通之处。人类命运共同体理念中蕴含了中国传统文化"和而不同"的思想，费孝通对此进行了新的阐释，即"各美其美，美人之美，美美与共，天下大同"。"各美其美"是指不同的人有着不同的文化背景；"美人之美"是指人主动寻求对异己文化的理解；"美美与共，天下大同"则是不同文化背景的人们通过对话和沟通达成基本共识，从而在一个共同体中和谐共处。也有学者指出，"美美与共"是我们处理多元文明关系的基本遵循，"和而不同"是我们处理世界统一性和多样性关系的哲学依据。②而多元文化主义的目的是在尊重和维护差

---

① 《习近平在莫斯科国际关系学院的演讲》，参见 http://www.gov.cn/ldhd/2013-03/24/content_2360829.htm。
② 《学习宣传贯彻习近平外交思想 推动构建新型中国与世界关系》，《光明日报》2019年7月19日。

异性文化和文化群体的前提下,促使各种文化群体能够在同一民族国家内部和谐相处。

然而,在面对和处理文化多样性的事实上,人类命运共同体更具超越性。

首先,人类命运共同体不排斥和反对异族文化和文明,也不试图消解任何一种民族的文化;相反地,它以全人类的视角,兼容多种文化要素,从而能够为处理统一性和多样性关系提供哲学依据。多元文化主义虽然强调尊重文化的差异性,但它并不能有效地平衡文化的差异性和统一性之间的张力,也未能对文化差异性发展的尺度进行限制。欧洲爆发的群体文化冲突已经验证,文化差异性的过度发展导致文化的民族性消隐,从而引发族际矛盾和冲突。在对文化的统一性和差异性关系的处理上,人类命运共同体理想具有超越性。

其次,人类命运共同体将全人类视为一个有机整体,世界范围内的各个国家和个人都被囊括其中,作为这个共同体不可分割和舍弃的部分。在这个意义上,"世界公民"的设想在人类命运共同体中可以找到依靠。尽管全球共同体也是一个容纳范围超越民族国家的共同体,但它的最终价值关怀在于个体的人,而不是作为总体的人类,这些散落在世界各地的世界公民无法通过世界公民身份获得归属感,其自身的文化身份也并不被承认。而人类命运共同体不仅关切个体的人的命运,也关注整体的人类的命运,同时,它的"命运共同体"意涵通过命运将个体联系在一起,其实质是一种关系共同体,从而为个体的人提供了一种归属感。这克服了世界主义对归属感的消解,也克服了区域性的文化群体的封闭性和限制性。

再次,人类命运共同体则建立在一种多元论的哲学基础上,在这种视域下,世界性既不是来自某一"特定立场的眼界",也不是否定地方性的"无立场的眼界",而是非中心主义的,是一种来自各方立场而又超越各方立场的眼界——真正的"多元一体"①。多元文化主义尽管承认文化的多元性,但是在逻辑上是二元论的,因为它的论证基础在于主流群体与少数群体对立二分。世界主义的逻辑也是二元论的,即建立在全球共同体和地方

---

① 李智:《新世界主义:人类命运共同体的世界观基础》,《北京行政学院学报》2018年第6期。

性"他者"的民族主义的对立关系基础之上。与这二者相比，人类命运共同体的非中心主义立场将人与世界、国家与国家、少数群体与多数群体间的关系从二元对立转变为平等和互惠的关系，因而具有超越性。

最后，人类命运共同体充分观照文化间性，在承认差异和尊重他国、他族的文化的前提下，强调文化对话和协商合作，通过交流和交往建立差异的文化之间了解的空间，以此来化解文化间因差异而导致的张力。多元文化主义虽然强调对不同的文化给予承认，但现实中不同文化间的差异性和价值间的不可相容性也是客观存在的，多元文化主义没有探索出文化间彼此承认得以达成的有效方式，从而文化间的差异和不相容在现实层面上没有得到化解，引发了不同文化的持有者彼此间的误会、矛盾乃至冲突。但是，人类命运共同体在对各种民族和国家的文化的理解和相互增进基础上实现了跨文化的认同，通过民族和国家彼此间的文化承认和交流，具有了在更高层次上规避冲突、实现和解的可能。同时，人类命运共同体主张通过文化间的对话和交往来促进不同文化间的发展和融合；而多元文化主义的目的是使各种文化得到保存，促进文化多样性的发展，但不包含谋求各种文化自身的发展。因此，在文化发展意义上，人类命运共同体也超越了多元文化主义。

总体而言，人类命运共同体以其"新世界主义"视角和非中心主义立场，克服了多元文化主义的"地方主义"、世界主义的二元逻辑和全球共同体的局限性，因而是处理多元文化现实的一种更具价值合理性的方案。

结 语

多元文化主义思想是近几十年来现代西方学界一种较为流行的理论，它所面对的基本事实是现代国家广泛存在的文化多样性，这种文化多样性的背后其实是文化群体的多样性。这些少数群体的文化与社会的主流文化之间的差异，常常导致少数群体与主流群体之间发生矛盾和冲突。

多元文化主义理论并非众多多元文化国家为解决或缓解这种文化多样性事实和文化群体冲突的第一个理论选择。面对文化多样性的事实，有些国家曾经试图采用同化主义的整合政策，目的是用一种主导性文化来对少数群体各具特色的文化进行强制同化，在政治上则表现为突出强调公民身份，企图用公民身份来取代少数群体成员的文化身份。然而，这种同化主义及其基础上的各种政策措施非但未能解决文化多样性引发的问题，反而触发了更多的矛盾：少数群体及其文化被主流社会压迫、歧视和排斥，从而导致这些少数群体的不满和反抗；文化群体间的矛盾并未得到解决，反而在这种情况下被加重。多元文化主义正是在文化多样性事实和同化主义的失败双重条件下产生和发展的。随着全球化程度逐渐加深，文化多样性事实更为广泛，多元文化主义越来越被认为是一种有望解决文化多样性相关问题的思想和理论。

多元文化主义在学界的各种讨论中被复杂化，基于历史发展阶段、研究视角和方法、基本诉求等各种不同分类方式，它的类别和内涵显现出一种复杂性，寻找多元文化主义的确定性定义是极为困难的。因此，了解多元文化主义，应当也只能对不同语境和研究视域下的多元文化主义问题进行分别考察。

多元文化主义的核心主张是少数群体权利，即给予少数群体以超出平等的公民权利之外的某些"特殊"权利，以确保少数群体文化不被主流社会侵蚀，使少数群体的存在不受到主流社会决策的所影响，使少数群体成员不被主流社会所歧视。多元文化主义为少数群体权利的合理性给出了一定的理由，同时，马克思主义哲学也在文化观和民族平等观这两个方面与少数群体权利具有一定程度的一致性。少数群体权利的合法性就此得到了一定的证成。

多元文化主义思想和政策被欧洲、北美和澳大利亚等国家和地区明确或是潜在地接受。然而，近年来这些国家中频频发生的文化群体冲突，使多元文化主义理论遭到了怀疑。多元文化主义主张给予少数群体权利，是否加剧了这些少数群体的分离倾向？西方政治哲学界对于多元文化主义的理论缺陷从不同层次和角度提出质疑，引发了多元文化主义和自由主义学者之间的新一轮争论。多元文化主义的支持者或是对多元文化主义的具体实现条件或应用条件进行了重新规定，或是对多元文化主义的某些细节进行了重新解释。然而，这些重新规定和解释并不能完全对多元文化主义理论和实践的回退进行解答，因为多元文化主义所具有的局限性不能在它自身内部得到化解，因此，它不是一种适用于一切多元文化国家的理论。

多元文化主义在中国语境中面临着范畴差异，中国的族群结构与西方国家也存在极大差别，多元文化主义的价值理念与中国的价值理念内涵也并非完全一致，因此，多元文化主义并不可丁可卯地完全适用于中国现实。中国共产党提出的"人类命运共同体"理念与多元文化主义在保存文化多样性并促进多种文化和谐共存这一目标上具有一致性，然而，人类命运共同体以其新世界主义视角和非中心主义立场，超越了多元文化主义的"地方主义"思路，更加适合中国的社会现实。

本书对多元文化主义理论发展过程中的主要概念进行了分门别类的细致考察，对"多元文化主义"这一概念进行了语义学角度分析，同时，对多元文化主义的问题域进行了详细考察，从政治哲学和文化哲学视角对多元文化主义的相关问题进行解读。在对少数群体权利进行合法性论证的过程中，结合了马克思对文化问题和民族平等问题的理解，将少数群体权利的合法性论证与马克思主义理论相联系。本书通过对于多元文化主义理论的前景和意义进行考察，跳出了多元文化主义思想，并为它寻找可能的替代方案。

世界范围内，各国文化多样性的逐渐加深，各种文化群体冲突的频频爆发，都预示着多元文化主义所指涉的相关问题尚未得到解决。无论多元文化主义最终走向何处，在相当长一段时间内它都将是西方多元文化社会中的显学，需要学人对其予以持续的关注和研究。

主要参考文献

中文文献

《马克思恩格斯全集》第 2 卷,人民出版社,1995。
《马克思恩格斯全集》第 3 卷,人民出版社,2002。
《马克思恩格斯文集》第 1 卷,人民出版社,2009。
《马克思恩格斯文集》第 2 卷,人民出版社,2009。
《马克思恩格斯文集》第 3 卷,人民出版社,2009。
《马克思恩格斯文集》第 4 卷,人民出版社,2009。
《马克思恩格斯文集》第 8 卷,人民出版社,2009。
《马克思恩格斯选集》第 1~4 卷,人民出版社,2012。

〔比〕马可·马尔蒂尼埃罗:《多元文化与民主》,尹明明、王鸣凤译,社会科学文献出版社,2015。

〔德〕黑格尔:《法哲学原理》,范扬、张企泰译,商务印书馆,1961。

〔德〕黑格尔:《哲学史讲演录》第 1 卷,贺麟、王太庆译,商务印书馆,1959。

〔德〕康德:《道德形而上学原理》,苗力田译,上海人民出版社,1986。

〔德〕康德:《永久和平论》,何兆武译,上海人民出版社,2005。

〔法〕阿兰·图海纳:《我们能否共同生存》,狄玉明译,商务印书馆,2003。

〔法〕埃米尔·涂尔干:《社会分工论》,渠东译,生活·读书·新知三联书店,2000。

〔法〕邦雅曼·贡斯当:《古代人的自由与现代人的自由》,阎克文、刘满贵译,上海人民出版社,2005。

〔法〕卢梭：《论人类不平等的起源》，高煜译，广西师范大学出版社，2009。

〔法〕卢梭：《社会契约论》，何兆武译，商务印书馆，2003。

〔法〕孟德斯鸠：《论法的精神》（上册），张雁深译，商务印书馆，1961。

〔法〕莫里斯·迪韦尔热：《政治社会学》，杨祖功、王大东译，华夏出版社，1987。

〔古希腊〕柏拉图：《法律篇》，张智仁、何勤华译，上海人民出版社，2001。

〔古希腊〕柏拉图：《理想国》，郭斌和、张竹明译，商务印书馆，1986。

〔古希腊〕亚里士多德：《尼各马可伦理学》，廖申白译，中国社会科学出版社，1999。

〔古希腊〕亚里士多德：《雅典政制》，林志纯译，生活·读书·新知三联书店，1957。

〔古希腊〕亚里士多德：《政治学》，吴寿彭译，商务印书馆，1981。

〔荷〕胡果·格劳秀斯：《战争与和平法》，何勤华译，上海人民出版社，2005。

〔加〕查尔斯·泰勒：《现代性之隐忧》，程炼译，中央编译出版社，2001。

〔加〕查尔斯·泰勒：《自我的根源：现代认同的形成》，韩震等译，译林出版社，2012。

〔加〕威尔·金里卡：《当代政治哲学》，刘莘译，上海译文出版社，2011。

〔加〕威尔·金里卡：《多元文化的公民身份》，马莉、张昌耀译，中央民族大学出版社，2009。

〔加〕威尔·金里卡：《少数的权利：民族主义、多元文化主义和公民》，邓红风译，上海译文出版社，2005。

〔加〕威尔·金里卡：《自由主义、社群与文化》，应奇、葛水林译，上海译文出版社，2005。

〔美〕阿瑟·施莱辛格：《美国的分裂》，马晓宏译，台北正中书局，1994。

〔美〕埃德加·博登海默：《法理学——法哲学及其方法》，邓正来译，华夏出版社，1987。

〔美〕艾利斯·马瑞恩·杨：《正义与差异政治》，李诚予、刘靖子译，中国政法大学出版社，2017。

〔美〕安德森：《想象的共同体：民族主义的起源与散布》，吴叡人译，上海人民出版社，2011。

〔美〕安东尼·D.史密斯：《全球化时代的民族与民族主义》，龚维斌译，中央编译出版社，2002。

〔美〕安东尼·奥罗姆：《政治社会学》，张华青等译，上海人民出版社，1989。

〔美〕本尼迪克特：《文化模式》，何锡章等译，华夏出版社，1987。

〔美〕彼得·布劳：《不平等和异质性》，王春光、谢圣赞译，中国社会科学出版社，1991。

〔美〕博克：《多元文化与社会进步》，余兴安等译，辽宁人民出版社，1996。

〔美〕戴维·米勒：《社会正义原则》，应奇译，江苏人民出版社，2001。

〔美〕德沃金：《认真对待权利》，信春鹰、吴玉章译，生活·读书·新知三联书店，2008。

〔美〕德沃金：《至上的美德：平等的理论与实践》，江苏人民出版社，2003。

〔美〕厄内斯特·盖尔纳：《民族与民族主义》，韩红译，中央编译出版社，2002。

〔美〕房龙：《宽容》，秦立彦等译，广西师范大学出版社，2004。

〔美〕菲利克斯·格罗斯：《公民与国家——民族、部族和族属身份》，王建娥、魏强译，新华出版社，2003。

〔美〕弗朗西斯·福山：《政治秩序的起源：从前人类时代到法国大革命》，毛俊杰译，广西师范大学出版社，2012。

〔美〕弗朗兹·博厄斯：《人类学与现代生活》，刘莎等译，华夏出版社，1999。

〔美〕弗雷泽、周穗明：《正义的中断》，于海青译，人民出版社，2009。

〔美〕盖尔斯敦：《自由多元主义：政治理论与实践中的价值多元主义》，佟德志、庞金友译，江苏人民出版社，2005。

〔美〕格雷厄姆·沃拉斯：《政治中的人性》，朱曾汶译，商务印书馆，1995。

〔美〕哈贝马斯:《包容他者》,曹卫东译,上海人民出版社,2002。

〔美〕哈贝马斯:《交往与社会进化》,张博树译,重庆出版社,1989。

〔美〕赫费:《全球化时代的民主》,庞学铨、李张林、高靖生译,上海译文出版社,2014。

〔美〕亨廷顿:《变化社会中的政治秩序》,王冠华等译,上海人民出版社,2008。

〔美〕亨廷顿:《第三波:20世纪后期民主化浪潮》,欧阳景根译,中国人民大学出版社,2013。

〔美〕亨廷顿:《文明的冲突》,周琪译,新华出版社,2010。

〔美〕亨廷顿:《我们是谁?美国国家特性面临的挑战》,程克雄译,新华出版社,2005。

〔美〕霍耐特:《为承认而斗争》,胡继华译,上海人民出版社,2005。

〔美〕卡尔·博格斯:《政治的终结》,陈家刚译,社会科学文献出版社,2001。

〔美〕拉尔夫·达仁道夫:《现代社会冲突》,林荣远译,社会科学文献出版社,2000。

〔美〕劳伦斯·哈里森:《多元文化主义的终结》,王乐洋译,新华出版社,2017。

〔美〕里拉、德沃金、希尔维斯:《以赛亚伯林的遗产》,刘擎、殷莹译,新星出版社,2009。

〔美〕罗伯特·达尔:《多元主义民主的困境》,周军华译,求实出版社,1989。

〔美〕罗尔斯:《作为公平的正义——正义新论》,姚大志译,上海三联书店,2002。

〔美〕洛苏尔多:《自由主义批判史》,王崟兴、张蓉译,商务印书馆,2014。

〔美〕马丁·阿尔布劳:《全球时代——超越现代性之外的国家与社会》,高湘泽、冯玲译,商务印书馆,2001。

〔美〕迈克尔·H. 莱斯诺夫:《二十世纪的政治哲学家》,冯克利译,商务印书馆,2001。

〔美〕迈克尔·沃尔泽:《论宽容》,袁建华译,上海人民出版社,2000。

〔美〕迈克尔·沃尔泽:《正义诸领域:为多元主义与平等一辩》,褚松燕译,译林出版社,2002。

〔美〕麦金太尔:《德性之后》,龚群等译,中国社会科学出版社,1995。

〔美〕麦金太尔:《谁之正义?何种合理性?》,万俊人等译,当代中国出版社,1996。

〔美〕缪哈尔、斯威夫特:《自由主义者与社群主义者》(第二版),孙晓春译,吉林人民出版社,2007。

〔美〕莫蒂埃·艾得勒等编《西方思想宝库》,姚鹏等译,吉林人民出版社,1988。

〔美〕欧文·拉兹洛编《多种文化的星球》,戴侃等译,社会科学文献出版社,2001。

〔美〕乔治·霍兰·萨拜因:《政治学说史》,盛葵阳等译,商务印书馆,1990。

〔美〕萨托利:《民主新论》,冯克利等译,东方出版社,1998。

〔美〕桑德尔:《自由主义与正义的局限》,万俊人等译,译林出版社,2011。

〔美〕施特劳斯:《自然权利与历史》,彭刚译,生活·读书·新知三联书店,2003。

〔美〕伊罗生:《群氓之族:群体认同与政治变迁》,邓伯宸译,广西师范大学出版社,2015。

〔美〕约翰·凯科斯:《反对自由主义》,应奇译,江苏人民出版社,2003。

〔美〕约翰·罗尔斯:《正义论》,何怀宏等译,中国社会科学出版社,2009。

〔美〕约翰·罗尔斯:《政治自由主义》,万俊人译,译林出版社,2000。

〔美〕约翰·麦克里兰:《西方政治思想史》,彭淮栋译,海南出版社,2003。

〔以〕耶尔·塔米尔:《自由主义的民族主义》,陶东风译,上海世纪出版集团,2005。

〔英〕C.W.沃特森:《多元文化主义》,叶兴艺译,吉林人民出版社,2005。

〔英〕埃里克·霍布斯鲍姆:《民族与民族主义》,李金梅译,上海人民出版社，2000。

〔英〕安东尼·阿巴拉斯特：《西方自由主义的兴衰》，曹海军译，吉林人民出版社，2004。

〔英〕安东尼·吉登斯：《民族——国家与暴力》，胡宗泽、赵力涛译，生活·读书·新知三联书店，1998.

〔英〕安东尼·吉登斯：《全球时代的民族国家》，郭忠华译，江苏人民出版社，2010。

〔英〕安东尼·吉登斯：《现代性的后果》，田禾译，译林出版社，2000。

〔英〕大卫·休谟：《人性论》，关文运译，商务印书馆，1980。

〔英〕大卫·休谟：《休谟政治论文选》，张若衡译，商务印书馆，2010。

〔英〕霍布斯：《利维坦》，黎思复、黎廷弼译，商务印书馆，1985。

〔英〕霍布斯：《论公民》，应星、冯克利译，贵州人民出版社，2003。

〔英〕洛克：《政府论》（下），叶启芳、瞿菊农译，商务印书馆，1964。

〔英〕乔治·克劳德：《自由主义与价值多元论》，应奇等译，江苏人民出版社，2006。

〔英〕以赛亚·伯林：《扭曲的人性之材》，岳秀坤译，译林出版社，2009。

〔英〕以赛亚·伯林：《自由论》，胡传胜译，译林出版社，2003。

〔英〕约翰·格雷：《自由主义的两张面孔》，顾爱彬、李瑞华译，江苏人民出版社，2005。

〔英〕约翰·密尔：《功利主义》，刘富胜译，光明日报出版社，2007。

〔英〕约瑟夫·拉兹：《自由的道德》，孙晓春、曹海军译，吉林人民出版社，2006。

〔加〕道·丹尼斯文：《多元文化政策的成就与不足》，李玲玲等译，载阮西湖《加拿大与加拿大人》，中国工人出版社，1994。

〔英〕布莱恩·特纳：《文化公民身份的理论概要》，陈志杰译，载于〔英〕尼克·史蒂文森编《文化与公民身份》，陈志杰译，吉林出版集团有限责任公司，2007。

〔英〕钱德兰·库卡萨斯：《存在文化权利吗？》，载李丽红编《多元文化主义》，浙江大学出版社，2011。

〔英〕钱德兰·库卡萨斯：《再论文化权利：反驳金里卡》；《自由主

与多元文化主义——冷漠的政治》，载李丽红编《多元文化主义》，浙江大学出版社，2011。

〔英〕约瑟夫·拉兹：《多元文化主义》，李丽红译，载李丽红编《多元文化主义》，浙江大学出版社，2011。

〔美〕苏珊·欧金：《多元文化主义对女性有害吗？》，李丽红译，载李丽红编《多元文化主义》，浙江大学出版社，2011。

〔墨〕洛德斯·阿里斯佩：《文化的多样性、冲突与多元共存》，载联合国教科文组织编《世界文化报告》，北京大学出版社，2002。

包利民：《当代社会契约论》，江苏人民出版社，2007。

包利民：《古典政治哲学史论》，人民出版社，2010。

布宁、余纪元：《西方哲学英汉对照辞典》，人民出版社，2001。

常士訚：《马赛克文化中的政治发展探索：加拿大主要政治思想流派》，吉林人民出版社，2002。

常士訚：《异中求和——当代西方多元文化主义政治思想研究》，人民出版社，2009。

常士訚：《政治现代性的结构：后现代多元主义政治思想分析》，天津人民出版社，2001。

陈定家：《全球化与身份危机》，河南大学出版社，2004。

陈闻桐：《近现代西方政治哲学引论》，安徽大学出版社，2004。

陈晏清：《政治哲学的当代复兴》，中国社会科学出版社，2011。

陈云生：《超越时空——加拿大多元文化主义》，河北人民出版社，2000。

陈云生：《宪法人类学》，北京大学出版社，2005。

陈震：《全球化时代的文化认同与国家认同》，北京师范大学出版社，2013。

崔延强：《正义与罗格斯：希腊人的价值理想》，泰山出版社，1998。

费孝通：《文化与文化自觉》，群言出版社，2005。

费孝通等：《中华民族多元一体格局》，中央民族学院出版社，1989。

龚群：《自由主义与社群主义的比较研究》，人民出版社，2014。

顾肃：《自由主义基本理念》，中央编译出版社，2003。

郭晓冬：《重塑价值之维》，华东师范大学出版社，2007。

何成洲：《跨学科视野下的文化身份认同：批评与探索》，北京大学出版社，2011。

何怀宏：《西方公民不服从的传统》，吉林人民出版社，2001。

孔新峰：《从自然之人到公民：霍布斯政治思想新诠》，国家行政学院出版社，2011。

李丽红：《多元文化主义》，浙江大学出版社，2011。

马德普：《普遍主义与多元文化》，人民出版社，2010。

毛寿龙：《政治社会学》，中国社会科学出版社，2001。

孟樊：《后现代的认同政治》，扬智文化事业股份有限公司，2001。

阮西湖、郝时远：《当代世界民族问题与民族政策》，四川民族出版社，1994。

阮西湖：《加拿大与加拿大人》，中国工人出版社，1994。

石芳：《多元文化背景下的核心价值观教育》，人民出版社，2014。

唐凯麟：《西方伦理学名著提要》，江西人民出版社，2000。

汪晖、陈燕谷编《文化与公共性》，生活·读书·新知三联书店，1998.

王彩波：《西方政治思想史：从柏拉图到约翰·密尔》，中国社会科学出版社，2004。

吴冠军：《多元的现代性》，生活·读书·新知三联书店，2002。

徐向东：《自由主义、社会契约与政治辩护》，北京大学出版社，2005。

许纪霖编《共和、社群与公民》，江苏人民出版社，2003。

阎孟伟：《在马克思实践哲学的视野中》，武汉大学出版社，2011。

姚大志：《当代西方政治哲学》，北京大学出版社，2011。

衣俊卿：《文化哲学十五讲》，北京大学出版社，2004。

俞可平：《论国家治理的现代化》，社会科学文献出版社，2014。

俞可平：《社群主义》，中国社会科学出版社，2005。

岳天明：《政治合法性问题研究》，中国社会科学出版社，2006。

张平功：《全球化与文化身份认同》，暨南大学出版社，2013。

中共中央文献研究室编《十八大以来重要文献选编》，中央文献出版社，2016。

《中国大百科全书》第四卷，中国大百科全书出版社，2004。

中国社会科学院民族研究所：《斯大林论民族问题》，人民出版社，1990。

周少青:《权利的价值理念之维》,中国社会科学出版社,2016。

周勇:《少数人权利的法理》,社会科学文献出版社,2002。

周仲秋:《平等的历程》,海南出版社,2002。

阿根斯:《西方族性与多元文化主义理论初探》,《内蒙古民族大学学报》(社会科学版) 2005 年第 4 期。

鲍永玲:《欧洲难民潮冲击下的多元文化主义政策危机》,《国外社会科学》2016 年第 6 期。

蔡拓:《世界主义的类型分析》,《国际观察》2018 年第 1 期。

常士訚:《超越多元文化主义——对加拿大多元文化主义政治思想的反思》,《世界民族》2008 年第 4 期。

常士訚:《多元文化主义的正义理论与多元文化治理》,《政治思想史》2011 年第 4 期。

常士訚:《多元文化主义是普世的吗?》,《政治思想史》2010 年第 1 期。

常士訚:《民族和谐与融合:实现民族团结与政治一体的关键——兼析多元文化主义理论》,《天津社会科学》2007 年第 2 期。

常士訚:《西方多元文化主义争论、内在逻辑及其局限》,《政治学研究》2006 年第 1 期。

陈天林:《欧洲移民社会冲突中的多元文化主义困境》,《社会主义研究》2012 年第 1 期。

陈新汉:《哲学视域中的文化、文化功能及文化自觉》,《哲学动态》2012 年第 8 期。

陈晏清、王南湜:《论文化观念变革的意义》,《天津社会科学》1992 年第 6 期。

《当代政治哲学前沿:多元立场、公民身份与全球视野》,卞绍斌译,《马克思主义与现实》2013 年第 2 期。

董晓川:《美国多元文化主义理论再认识》,《东北师大学报》(哲学社会科学版) 2005 年第 2 期。

〔波兰〕马格达莱纳·莱辛斯卡、宋阳旨:《移民与多元文化主义:欧洲的抵制》,《国外理论动态》2016 年第 1 期。

〔法〕帕特里克·西蒙:《对种族歧视的测量:统计的政策性使用》,朱世达、王冬帆译,《国际社会科学杂志》(中文版)2006年第1期。

〔法〕索菲·格拉尔·德拉图尔、冯红:《文化与差异:艾利斯·马瑞恩·扬多元文化主义理论的张力》,《国外理论动态》2017年第4期。

房德玖、陈晏清:《从正当性到合理性——近代社会以来政治合法性主旨的转换》,《社会科学战线》2008年第7期。

冯永利、王明进:《多元文化主义与欧洲移民治理》,《国际论坛》2013年第3期。

付秀荣:《从冲突到和谐——马克思的多元文化观》,《学习与探索》2011年第3期。

高鉴国:《试论美国民族多样性和文化多元主义》,《世界历史》1994年第4期。

龚群:《正义:在历史中演进的概念》,《华中科技大学学报》(社会科学版)2019年第1期。

郭才华:《美国多元文化主义面临的挑战和威胁》,《国际关系研究》2017年第3期。

郭莲:《文化的定义与综述》,《中共中央党校学报》2002年第2期。

韩水法:《泰勒与多元文化主义》,《读书》1998年第7期。

何包钢:《文化平等之辩》,《华中师范大学学报》(人文社会科学版)2014年第3期。

胡玉萍:《西方多元文化主义价值困境及实践特征——以美国多元文化主义为例》,《中共中央党校学报》2018年第2期。

黄力之:《和而不同:多元文化主义的困境》,《探索与争鸣》2014年第10期。

黄渊基:《文化差异与价值整合:多元文化冲突下的社会主义核心价值观建构》,《湖南社会科学》2014年第4期。

〔加〕查尔斯·泰勒、冯红:《是间性文化主义还是多元文化主义?》,《国外理论动态》2013年第7期。

〔加〕金里卡、卞绍斌:《当代政治哲学前沿:多元立场、公民身份与全球视野》,《马克思主义与现实》2013年第2期。

〔加〕金里卡:《少数文化的权利:回应库卡萨斯》,李丽红译,载李丽红编《多元文化主义》,浙江大学出版社,2011。

〔加〕金里卡：《自由的多元文化主义：西方模式、全球趋势和亚洲争论》，黄文前译，《马克思主义与现实》2006 年第 1 期。

〔加〕威尔·金里卡、焦兵：《多元文化主义的兴衰？关于多样性社会中接纳和包容的新争论》，《国际社会科学杂志》（中文版）2011 年第 1 期。

李德顺：《什么是文化》，《光明日报》2010 年 3 月 26 日。

李海平：《少数族群差异权利的证成——金里卡的多元文化自由主义》，《学术研究》2012 年第 1 期。

李晶：《浅论多元文化主义政策》，《前沿》1999 年第 3 期。

李晶：《西方多元文化主义政策评析》，《马克思主义与现实》2006 年第 6 期。

李明欢：《多元文化主义在欧洲的理想与困境——以西欧穆斯林移民社群为案例的分析》，《国外社会科学》2010 年第 6 期。

李淑梅：《马克思早期对人的本质理解方式的变化》，《河北学刊》2011 年第 5 期。

李智：《新世界主义：人类命运共同体的世界观基础》，《北京行政学院学报》2018 年第 6 期。

《联合国土著人民权利宣言》，联合国中文网，2007 年 9 月 13 日。

林哲元：《齐泽克对多元文化主义的批判》，《山东社会科学》2018 年第 7 期。

刘泓：《民族主义与多元文化政策——20 世纪中后期欧洲族裔民族主义理论观点评析》，《马克思主义与现实》2012 年第 4 期。

吕普生：《多元文化主义对族裔少数群体权利的理论建构》，《民族研究》2009 年第 4 期。

马俊领：《身份政治：霸权解构、话语批判与社会建设》，《思想战线》2013 年第 5 期。

〔美〕阿里斯戴尔·罗杰斯、仕琦：《多元文化主义和公民权利的空间》，《国际社会科学杂志》（中文版）1999 年第 2 期。

〔美〕杰弗里·亚历山大、阚天舒：《融合模式的抗争：对欧洲多元文化主义的强烈抵制》，《国外社会科学》2015 年第 6 期。

〔美〕卡尔·拉特纳、刘子旭：《美国多元文化主义的实质》，《世界社会主义研究》2016 年第 1 期。

〔美〕理查德·伯恩斯坦、冯红：《困扰多元文化主义的幽灵》，《国外理论动态》2013 年第 3 期。

〔美〕乔治·F. 麦克林：《多元文化社会中的宽容精神》，邹诗鹏译，《求是学刊》2005 年第 1 期。

〔美〕圣·胡安、肖文燕：《全球化时代的多元文化主义症结》，《马克思主义与现实》2003 年第 1 期。

〔美〕亚历山大·科埃略·德拉罗萨、郭莲：《多元文化主义的困境》，《国外理论动态》2015 年第 5 期。

庞金友：《身份、差异与认同：当代多元文化主义的公民观》，《教学与研究》2010 年第 2 期。

庞金友：《族群身份与国家认同：多元文化主义与自由主义的当代论争》，《浙江社会科学》2007 年第 4 期。

钱大军、王哲：《法学意义上的社会弱势群体》，《当代法学》2004 年第 3 期。

阮西湖：《多元文化主义——西方国家处理民族关系的新政策》，《民族研究》1985 年第 6 期。

阮西湖：《加拿大多元文化主义政策的制定和发展》，《社会科学战线》1989 年第 1 期。

施雪华：《西方自由主义语境下宽容观念的演进》，《学习与探索》2009 年第 5 期。

宋建丽：《承认政治与后权利时代的正义》，《厦门大学学报》（哲学社会科学版）2013 年第 2 期。

宋建丽：《文化差异群体的身份认同与社会正义——多元文化主义对自由主义的挑战》，《哲学动态》2009 年第 8 期。

宋全成：《族群分裂与宗教冲突：欧洲多元文化主义面临严峻挑战》，《求是学刊》2014 年第 6 期。

童萍：《全球化时代的文化相对主义审视》，《理论探讨》2011 年第 1 期。

汪越：《身份政治的理论逻辑》，《学术界》2018 年第 3 期。

王恩铭：《也谈美国多元文化主义》，《国际观察》2005 年第 4 期。

王军：《少数民族差别性权利的正当性：理论基础与范式》，《民族研究》2007 年第 1 期。

王敏：《多元文化主义差异政治思想：内在逻辑、论争与回应》，《民族研究》2011年第1期。

王希：《多元文化主义的起源、实践与局限性》，《美国研究》2000年第2期。

王新生：《马克思超越正义的政治哲学》，《学术研究》2005年第3期。

王新生：《马克思是怎样讨论正义问题的?》，《中国人民大学学报》2010年第5期。

王新生：《马克思正义理论的四重辩护》，《中国社会科学》2014年第4期。

《习近平在莫斯科国际关系学院的演讲》，http://www.gov.cn/ldhd/2013-03/24/content_2360829.htm。

夏瑛：《差异政治、少数群体权利与多元文化主义》，《马克思主义与现实》2016年第1期。

阎孟伟：《社会文化的实践哲学诠释及其意义》，《学术研究》2013年第1期。

阎孟伟：《文化：考察社会的重要视角》，《南开学报》1996年第2期。

阎孟伟：《正义理念的价值诉求》，《哲学研究》2016年第8期。

杨洪贵：《多元共存 和谐共处——试论多元文化主义》，《新疆社会科学》2006年第3期。

姚大志：《平等主义的图谱》，《吉林大学社会科学学报》2005年第5期。

〔意〕恩佐·科伦坡、郭莲：《多元文化主义：西方社会有关多元文化的争论概述》，《国外理论动态》2017年第4期。

〔意〕沃尔克·考尔、冯红：《多元文化主义与多元主义的挑战》，《国外理论动态》2014年第8期。

〔英〕盖瑞斯·詹金斯、陈后亮：《文化与多元文化主义》，《国外理论动态》2012年第6期。

〔英〕詹妮弗·杰克逊：《"少数人"定义?》，许庄斯译，《法学评论》2017年第2期。

袁贵仁：《关于价值与文化问题》，《河北学刊》2005年第1期。

张慧卿：《自由的多元文化主义国际化及其悖论——威尔·金里卡少数

族群权利理论剖析》,《西南民族大学学报》(人文社会科学版) 2012 年第 1 期。

张亮:《欧洲多元文化主义的危机及其理论启示:从中国的视角看》,《探索与争鸣》2017 年第 12 期。

张寅:《论多元文化主义视域下的正义思想》,《求索》2011 年第 2 期。

《中华民族一家亲 同心共筑中国梦》,《人民日报》2015 年 10 月 1 日第 1 版。

周少青:《多元文化主义视域下的少数民族权利问题》,《民族研究》2012 年第 1 期。

朱俊:《族群平等的多元文化主义路径分析》,《民族研究》2014 年第 5 期。

〔加〕威尔·金里卡《自由多元文化主义假说的检视:规范理论和社会科学的证据》,周少青译,《世界民族》2013 年第 3 期。

英文文献

Alibhai-Brown, Y., *After Multiculturalism*, London: Foreign Policy Centre, 2000.

Barker, J., *Group Rights*, The University of Toronto Press, 1994.

Baumeister, A. T., *Liberalism and the Politics of Difference*, Edinburgh University Press, 2000.

Bellamy, *Liberalism and Pluralism*, Routledge, 1999.

Bloom, *The Closing of the American Mind*, Simon and Schuster New York, 1987.

Capotorti, *Study on the Rights of Persons Belonging to Ethnics, Religious and Linguistic Minorities*, UN Subcomission on Prevention of Discrimination and Protection of Minorities, 1979.

ClaudeInis, *National Minorities: An International Problem*, Harvard University Press, 1955.

Galston, W. A., *Justice and Human Good*, The University of Chicago Press, 1980.

Galston, W. A., *Liberal Purposes: Goods, Virtues and Duties in the Liberal*

State, Cambridge, 1991.

Goldberg, *Multiculturalism: A Critical Reader*, Blackwell, 1994.

Glazer, N., *Ethnicity*, Harvard University Press, 1975.

Glazer, N., *The Limits of Social Policy*, Harvard University Press, 1988.

Glazer, N., *We Are All Multiculturalists*, Harvard University Press, 1997.

Gilbert, P., *Peoples, Cultures and Nations in a Political Philosophy*, Georgetown University Press, 2000.

Satori, Giovanni *Pluralism, Multiculturalism and Estrangement*, Milano: Rizzoli, 2000.

Altschuler, Glenn C. *Race, Ethnicity and Class in American Social Thought*, Harlan Davidson, 1982.

Gurr, T., *Minority at Risks: A Global View of Ethnopolitical Conflict*, Institute of Peace Press, Washington, 1993.

Gutamnn, A., *Multiculturalism*, Princeton University Press, 1994.

Hampshire, S., *Morality and Conflict*, MA: Harvard University Press, 1983.

Heater, J. G., *Citizenship: The Civic Ideal in World History*, Politics and Education, London: Longman, 1990.

Gates, Henry Louis, *Beyond the Culture Wars: Identities in Dialog*, MLA Profession, 1993.

Hampshire, S., *Morality and Conflict*, MA: Harvard University Press, 1983.

Hollinger, D., *Post Ethnic America: Beyond Multiculturalism*, Basic Books, 1995.

Horton, J., *Toleration, Identity and Difference*, Macmillan Press, 1999.

McLean, Iain, and Alistair McMillan, eds., *The Concise Oxford Dictionary of Philosophy*, Oxford University Press, 2009.

Young, Iris Marion, *Inclusion and Democracy*, Oxford University Press, 2000.

Berlin, Isaiah, *Benjamin Disraeli, Karl Marx and the Search for Identity*, ed. Henry Hardy, 2013.

Joppke, C. and S. Lucks, eds., *Multicultural Questions*, Oxford University

Press, 1999.

Deschenes, J. *Proposal Concerning a Definition of the Team Minority*, UN DOC. E/CN. 4/SUB. 2/, 1985.

Sigler, Jay A., *Minority Rights: A Comparative Analysis*, Greenwood Press, 1983.

Dewey, J., *The Public and Its Problems*, George Allen and Unwin, London, 1928.

Kampol, B., *Critical Multiculturalism Voice in a Common Struggle*, Bergin & Garvey, 1995.

Kelly, P., *Multiculturalism Reconsidered*, Polity, 2002.

Kymlicka, *Finding Our Way*, Oxford University Press, 1998.

Kymlicka, *Multicultural Odysseys: Navigating the New International Politics of Diversity*, Oxford University Press, 2007.

Hobhouse, L. T., *Social Development: Its Nature and Conditions*, George Allen Unwin, London, 1966.

Lehnig, P. B., *Theories of Secession*, Routhedge, 1998.

Levy, J. T., *The Multiculturalism of Fear*, Oxford University Press, 2000.

Miller, D., *Citizenship and National Identity*, Cambridge: Polity Press, 2000.

Miller, D. and Walzer, ed, ., *Pluralism, Justice, and Equality*, Oxford University Press, 1995.

Raz, J., *The Morality of Freedom*, Oxford, Clarendon Press, 1986.

Raz, J., *Authority*, Basil Blackwell, 1990.

Raz, J., *Multiculturalism: A Liberal Perspective*, Dissent, Winter, 1994.

Richardson, H. S., *Practical Reasoning about Final Ends*, Cambridge: Cambridge University Press, 1997.

Vincent, R. J., *Human Rights and International Relations*, Cambridge University Press, 1986.

Mendus, S., *Toleration and the Limits of Liberalism*, Macmillan, 1989.

Schmidt, A., *The Menace of Multiculturalism*, Praeger, 1990.

Spinner, *The Boundaries of Citizenship: Race, Ethnicity and Nationality in the*

Liberal State, The Johns Hopkins University Press, 1994.

Tamir, Liberal National Identity, Princeton University Press, 1993.

Green, T. H., Lectures on the Principles of Political Obligation, Longman's Green, and Co., London, 1941.

Wliiett, C. ed., Theorizing Multiculturalism: A Guide to the Current Debate, Blackwell, 1998.

Young, C. ed., Ethnic Diversity and Public Policy, Macmillan, 1998.

Young, I. M, Inclusion and Democracy, Oxford University, 2000.

Akan, M., "Contextualizing Multiculturalism Studies in Comparative International Development," Summer, 2003 (38).

Anway, D., "Pluralism and Good Governance," International Journal on Minority and Group Rights, 2001 (8).

Baumeister, A., "Cultural Diversity and Education: The Dilemma of Political of Stability," Political Studies Multiculturalism, 1998 (4).

Blum, L., "Recognition and Multicultural in Education," Journal of Philosophy of Education, 2001 (35).

Baker, D. P. "Morality, Structure, Transcendence and Theism: A Response to Melissa Lane's Reading of Charles Taylor's Sources of the Self," International Journal for Philosophy of Religion, 2003 (54).

Doppelt, G., "Is There a Multicultural Liberalism," in Inquiry, 2003 (41).

Messer, Ellen, "Anthropology and Human Rights," Annual Review of Anthropology, 1993 (22).

Kallen, Horace M., "Democracy versus the Melting Pot," Nation, 1915 (2).

Kymlicka, "Nation-building and Minority Rights: Comparing West and East," Journal of Ethnic and Migration Studies, 2000.

Kymlicka, "Animal Rights, Multiculturalism, and the Left", Journal of Social Philosophy, 2014.

Kymlicka, "Immigration, Citizenship, Multiculturalism: Exploring the

Links," *The Political Quarterly*, 2003.

Alcoff, Linda Martin, Satya P. Mohanty, "Reconsidering Identity Politics: An Introduction," *Identity Politics Reconsidered*, New York: Palgrave Macmillan, 2006.

Merle, J. C., "Cultural Minority Rights and the Rights of the Majority in the Liberal State," *Ratio Juris*, 1998 (3).

Mahtani, M., "Interrogating the Hyphen-Nation: Canadian Multicultural Policy and the 'Mixed Race' Identities," *Social Identities*, 2002 (8).

Fraser, Nancy, Axel Honneth, "Redistribution or Recognition? A Political-Philosophical Exchange," *Verso*, 2003.

Parekh, B., "Equality in a Multicultural Society," *The Round Table*, 1999 (351).

Rosaldo, Renato, "Identity Politics: An Ethnography: By a Participant," *Identity Politics Reconsidered*, New York: Palgrave Macmillan, 2006.

Siddle, R., "The Limits to Citizenship in Japan: Multiculturalism, Indigenous Rights and the Ainu," *Citizenship Studies*, 2003 (4).

Shachar, A., "On Citizenship and Multicultural Vulnerability," *Political Theory*, 2000 (28).

Epstein, Stephen, "Gay Politics, Ethnic Identity: The Limits of Social Constructionism," *Socialist Review*, 1987 (17).

Pogge, Tomas, "Cosmopolitanism and Sovereignty," *Ethics*, 1992.

后 记

回望十载哲学求学路，感慨良多。用十年的时间走入哲学，体验哲学，大约是十年来最深切和朴实的体会。初入哲学之门，怀持着对哲学殿堂的向往、对求真的渴望，我暗自决定要攻读博士学位。如今回忆这个决定，犹如昨日般清晰。我庆幸自己的坚持，也庆幸选择了哲学。

在哲学求学之路上，首先要感谢我的导师阎孟伟教授。"师者，所以传道、授业、解惑也。"阎老师是一位富有使命感和责任感的恩师。他的课程深入浅出，逻辑清晰，最大限度地帮助听者去理解讲授的内容，启发学生思考。同时，他有着严谨的治学态度和科研精神，严格要求自己和学生，使我感受到一位哲学教授的风范和力量。阎老师细致地教授我学术研究的方法，鼓励我依照研究兴趣选择研究课题，并在本书的写作过程中给予了十分耐心的指导。从文章结构、写作逻辑、语言表达乃至标点符号，他都给出了详细的建议和批改。尤为记得阎老师写给南开大学哲学院学生的一句寄语，"做一个正直、善良、敢于进取、值得信赖的人，恃此为人、为事一生，即便没有令人赞羡的荣耀，也同样高尚尊贵"。阎老师正是以此言传身教，而这句话，也深深地镌刻于我的灵魂深处。在此，对我的恩师致以深深的感谢。同时，我要对师母杨谦教授表达谢意。在我来到天津的六年里，杨老师给予我家人般温暖的关切，常常关心、询问我的生活状况，使我在天津这所城市也感受到了家的温情。

同时，感谢南开大学哲学院的诸位教授。在这六年中，我有幸聆听陈晏清、邢元敏、王新生、李淑梅、王南湜、杨桂华等诸位教授的教诲。他们高尚的学术精神与严谨的治学理念使我深深钦佩。感谢于涛副教授对我的教导、关心和爱护。感谢师兄闫涛、吴建永和师姐武威利、袁鑫在我求学期间给予的帮助和呵护。感谢李孟真、佟璐和魏晓同学对我的关心，你们的关切使我如沐春风。

感谢多伦多大学哲学系的 Mark Kingwell 教授在我联合培养期间提供的帮助。

感谢院长颜晓峰教授自我入职天津大学以来给予的帮助和指导，颜晓峰教授孜孜以求、笔耕不辍的学术态度深深影响着我。感谢郭元林教授、张巍副教授给予的耐心指导。感谢学院提供的优良的科研环境和一流的学术平台，感谢天津大学对本书出版所给予的资助。

感谢我的朋友张培在本书写作期间的全力帮助，在我身处异国他乡时的陪伴和支持。感谢我的朋友鲁雨洲在本书写作期间给予的充分理解和慰藉。感谢丁婧博士、谢若箫博士在本书写作伊始给予的开解和关怀。感谢我的朋友张晓蕾、张杨、张洁、张志伟十六年如一日的关心和照顾。你们给予的友情，使我有勇气对抗求知路上那些脆弱和无助的时刻。

最后，想深深地感谢我的父母。在十年的哲学求学路上，你们从不吝惜自己的付出，尽全力为我的求学提供支撑，使我的学习和生活没有任何后顾之忧。父亲在我的成长和求学路上，始终无条件地支持我追求理想，使我求学征程中的每一个选择都坚定坦然；母亲对我的生活关怀备至，给予我超乎寻常的尊重和理解，使我能饱含信心地面对学术上和生活中的难题和困境。正是你们给予我探索世界无尽可能的爱意、勇气和自由，使我能够健康、快乐地完成博士学业，成为一名教师，开始人生新的旅程。

感谢生命中遇到的每一位秉持善意的人。

张　欢

2020 年 10 月于北洋园

图书在版编目(CIP)数据

西方多元文化主义研究:以少数群体权利为例/张欢著.--北京:社会科学文献出版社,2020.10
ISBN 978-7-5201-6970-7

Ⅰ.①西… Ⅱ.①张… Ⅲ.①多元文化-研究-西方国家 Ⅳ.①G11

中国版本图书馆CIP数据核字(2020)第133137号

西方多元文化主义研究
——以少数群体权利为例

著　　者 / 张　欢

出 版 人 / 谢寿光
组稿编辑 / 宋月华
责任编辑 / 孙美子

出　　版 / 社会科学文献出版社·人文分社 (010) 59367215
地址:北京市北三环中路甲29号院华龙大厦　邮编:100029
网址:www.ssap.com.cn
发　　行 / 市场营销中心 (010) 59367081　59367083
印　　装 / 三河市尚艺印装有限公司

规　　格 / 开　本:787mm×1092mm　1/16
印　张:11.75　字　数:193千字
版　　次 / 2020年10月第1版　2020年10月第1次印刷
书　　号 / ISBN 978-7-5201-6970-7
定　　价 / 98.00元

本书如有印装质量问题,请与读者服务中心(010-59367028)联系

▲ 版权所有 翻印必究